极简谈判术

突破常规思维的7个关键

王咏 著

ZHEJIANG UNIVERSITY PRESS
浙江大学出版社

图书在版编目（CIP）数据

极简谈判术：突破常规思维的7个关键 / 王咏著.
-- 杭州：浙江大学出版社，2020.2
ISBN 978-7-308-19688-8

Ⅰ.①极… Ⅱ.①王… Ⅲ.①谈判学—通俗读物
Ⅳ.①C912.35-49

中国版本图书馆CIP数据核字（2019）第243220号

极简谈判术：突破常规思维的7个关键

王　咏　著

装帧设计	水玉银文化
责任编辑	程一帆
责任校对	杨利军　刘葭子
出版发行	浙江大学出版社
	（杭州天目山路148号　邮政编码：310007）
	（网址：http://www.zjupress.com）
排　　版	浙江时代出版服务有限公司
印　　刷	浙江印刷集团有限公司
开　　本	880mm×1230mm　1/32
印　　张	7.875
字　　数	149千
版 印 次	2020年2月第1版　2020年2月第1次印刷
书　　号	ISBN 978-7-308-19688-8
定　　价	49.00元

序

因为工作，2009 年起，我频繁地去北欧和日本出差，深深地被这些地方的建筑和人文艺术所吸引，便开始关注极简美学。2009 年之后，我开始构思《简洁的力量：站在人性的角度设计商业》，经历了漫长的创作过程，这本书直到 2017 年才正式出版，我从中受益很大。通过近 10 年对美学和商业的学习和观察，我总结了一套"用最少的资源投入实现最大价值"的"简洁思维"方法，这套方法也深刻地影响和改变了我的工作与生活。

在纷繁复杂的认知世界中，人们需要简洁高效的方法解决问题，而谈判本身就是一个庞大的知识体系，不仅有政治、商务、生活等应用场景之分，东西方还分为很多不同的流派。如何在复杂的谈判中，找到最适合又最有效的谈判技巧呢？如何通过短时间的快速学习掌握谈判的基本技能，并在生活中得到应用呢？这些难题困扰着许多人。

谈判无处不在

在大众的固有印象中，谈判就是电影中的谈判专家解救人质的场景，或者是谈判双方坐在桌前唇枪舌战的场景，其实，谈判的场景在我们的生活中是无处不在的，大到中美贸易战，小到升职加薪、搞定客户、说服下属，就连生活中买东西砍价都需要谈判——谈判的本质就是说服。

很多人会问：谈判能力是不是就是沟通能力？

谈判确实是一种沟通方式，但是与普通的沟通不同。普通的沟通更多是陈述事实，与对方互换信息，而谈判不仅仅是互换信息，还需要通过对话改变对方的想法，改变对方原有的决策，促使对方做出更有利于我方的决定。所以，准确地说，谈判是运用沟通技巧去解决问题并达成共识的能力。

为什么要谈判

在开始说谈判这个话题前，我们先要弄清楚，为什么要谈判。谈判存在的前提是谈判双方的预期和结果存在差距，并且存在一定的信息不对称，谈判的目的就是消除这种差距，促使双方做决定，让双方都满意。也许你会问，怎么可能存在双方都满意的结果，在谈判中不是总要有人让步和吃亏的吗？这就是谈判的魅力，谈判一定是为了双赢。

比如，员工要和老板谈加薪，老板想用最合适的薪水雇到有能力的员工，员工想让自己对工作的投入换回应得的报酬，甚至是超额的回报。谈判高手会在谈判结束后让老板觉得占了便宜，而不善于谈判的人则会让老板觉得是不是被要了高价。谈判的价值就是在不均衡的需求中寻找到均衡点，并让双方都满意。当然，学会谈判也能够让你在生活中找到令双方都满意的解决方案。

为什么说谈判是最让人受益的技能

谈判对于我们来说有多重要呢？在商务谈判中，你谈回来的每一个条件都是显而易见的企业收益。假设有一单采购合同本来应该是 100 万元成交，你通过谈判，90 万元成交了，那 10 万元就是你为公司创造的直接利润。谈判是值得学习的技能，学好谈判能够让你在整个职业历程中受益无穷。当然，不仅仅是收获利益，谈判也能让你享受双赢的乐趣和成就。

学会谈判，能够让你在沟通中以更加自信的姿态去追求想要达成的结果，能够让你在资源不足的情况下最大化地发挥资源的价值，能够让你充分了解人性的本质，用思想的力量为自己争取更多的利益。所以，无论是拿订单，还是谈加薪、提升职，掌握一些谈判技巧，都可以大幅度提升你的谈判成功率。

从业 20 年，我参与和主导过大大小小无数场谈判，如果有人问我，在过去的职业经历中，最让你受益的一种能力是什么？我会毫不犹豫地告诉他，是谈判！

为什么你的谈判不成功

谈判是一种重要的生存技能，但是很多人都忽视了这个技能，认为谈判就是讨价还价、讲条件。其实，谈判并不是亮明条件和夺得利益那么简单，谈判是一个根据对方的决策不断调整自己对策的过程，让同样的资源在不同的策略下发挥出不同的效果。所以，谈判需要一定的技巧，唯有掌握技巧，才能很好地达到你预期的目标。大部分谈判失败的原因不是对方无法接受你给出的条件，而是你没有通过策略影响对方的想法，改变对方的行为。如果双方无法在谈判桌上改变自己在谈判前的想法，那谈判就是无效的。

如何让你的谈判更有效

如果你喜欢下象棋，你会发现，任何象棋高手都有一套自己的策略，下棋双方在棋局开始前所拥有的资源都是一样的，但是策略的不同导致了棋局的结果不同。

谈判高手也必须要有一套完整的策略。在谈判开始前，我们需要搜集信息，梳理我们的筹码，制定策略；在谈判过程中，要通过语言和沟通技巧影响对手，达成共识；在谈判尾声时，我们要拿到对方的承诺，确定共赢方案。所以，掌握好谈判技能，需要做多方面的训练，在本书中，我准备了 7 个维度的内容，提炼出超过 20 个简单高效的谈判技巧，以及发生在我身边的真实案例。同时以真实常见的谈判场景导入，分析这些成功或失败的谈判案例，给予大家正确的方法和独特的思维，希望大家能够用最少的时间，使谈判技能快速提升。

学习谈判，不仅要学习临场应变和见招拆招的技巧，还要构建一套自己的谈判策略路线图，建立自己的谈判思维体系。

目
录

第一章 做好谈判前期准备

第二章 建立谈判开场秩序

第六章　说服协作对象

第七章　重建家庭亲密关系

第一章

做好谈判前期准备

提起"谈判"这个词，很多人的第一反应会是商业谈判、政治谈判，好像与每天打卡上班、陪陪客户、谈着小单的基层员工没什么关系。但实际上，并非如此。

谈判的核心在于说服，目标在于让对方接受你的意见，为自己争取到更多的利益。

既然关乎利益，那么谈判就会与我们每一个人、每一件事都息息相关：从国家之间的贸易战、重塑外交关系，到为公司追回欠款，说服客户下单，再到为了一日三餐与小贩讨价还价……都会涉及不同程度的谈判。

可以说，每一场谈判都是一次或大或小的利益拉锯战。作为这场拉锯战的指挥官，我们总得在行动之前，将对方带兵打仗的风格、双方的兵力、掌握的武器装备（筹码）、要达成的目的等相关内容了解清楚。

只有对这些问题充分地了解，我们才能根据双方的态势，从而制定战略，确定战术。可见谈判的前期准备对谈判是至关重要的。因此，在本书开篇的第一章，我将与大家聊聊如何做好谈判前期准备。

在我看来，谈判中的技巧运用，只是你的战术。而谈判前的充分准备，却是你的战略。那么在谈判开始之前，我们要做哪些具体的准备？如何去思考谈判战略？这里会利用三节的内容，来与大家探讨这个问题。

01 认识谈判对手：
五种对手的应对策略

　　为什么大部分人觉得自己的表达并没有问题，却在职场和生活中与人沟通时，总觉得很难说服对方？原因可能就在于，他们对所有沟通对象都使用了同一种说服技巧。而实际情况是，世界上任何两个人，在思维方式、行为习惯、心态上都会有所不同。同一种说服技巧，当然无法应对有不同诉求的人，更无法应对人格特质迥异的人。

　　2009 年，我初到上海就认识了在管理上颇有经验的老徐。当时他也刚被外调到上海，担任一家电器企业的销售部部长，统管华东地区的销售人员。有一次，老徐给我讲了一段他带团队的经历，让我对谈判风格有了非常具体的了解。

　　老徐在调来上海之前，就听闻华东地区的员工不好管理，团队士气涣散，迟到早退很普遍，而且华东地区近两年也是业绩平平。

老徐新官上任，为了了解团队、重振士气、创出佳绩，制定了一项新的规定：一年内，坚持上下班并按时打卡的人，到年底都可以领到 1 万元的奖金。

得知这个消息后，整个销售团队的员工表现出了完全不同的几种反应：

有些员工，尤其是一些新员工，积极性特别高，信心满满地表示一定会拿到这 1 万元奖金；

有些员工却对这个奖励机制持观望态度，在他们看来，"新官上任三把火"，制度定出来，不一定推行得下去，自己就先按照领导说的做，静观其变；

还有一些员工，尤其是工作了七八年的老员工，则非常懈怠，一开始就对这个规定表现出不合作的态度，他们之前自由散漫惯了，现在突然改成"朝九晚六"，非常不适应。

到了年底，老徐查看考勤结果时发现，80 多人的销售团队，只有 5 个人坚持到底，拿到了奖励。虽然考勤激励的效果并不如意，但通过这件事，老徐却对团队员工的人格类型有了粗略的了解。

基于考勤数据和对整个过程的观察，他发现员工无非分为五种类型：

第一种员工，他会为了获得 1 万元的全勤激励积极行动，

第一章 · 做好谈判前期准备 ·

无论每天按时打卡对他来说有多困难，他都会克服。同时，在他看来，如果最后只有自己完成了全勤，而其他同事都没有坚持下来，那自己就是唯一的赢家，他喜欢这种打败别人的感觉。这类人只在乎自己的利益，不在乎人际关系，属于**竞争型人格**。

第二种员工，他可能不太赞同这个规定，但是为了不影响和领导之间的关系，他也不会提出反对意见。同时，他对于奖金持无所谓的态度，认为只要根据领导的喜好来执行规定，不引起领导反感就行。这类人不在乎利益，却在乎人际关系，对领导制定的考勤规定，表现出迁就的态度，属于**迁就型人格**。

第三种员工，他既不在乎奖金有多少，也不想通过按时上下班获得领导的好感，只要完成工作就好，考勤奖励于他没有吸引力。这类人既不在乎自己的利益，也不在乎人际关系，对新的考勤规定采取回避的态度，属于典型的**回避型人格**。

第四种员工，占这次考核中的大多数。他们愿意接受这项考核，既对于1万元的奖金有点心动，也不想影响自己和领导之间的关系。但是，这类人对于利益，不像竞争型人格的人那样势在必得，对于人际关系的在乎程度，不像迁就型人格的人那么强烈，所以对于按时考勤这项规定，他们基本上都没有坚持到底。这类人，可以称为**妥协型人格**。

第五种员工很特别，他关注的不是这次考勤，而是考勤背后的原因。他知道领导真正在乎的并不是迟到早退的表面现象，而是团队士气涣散、业绩不理想的深层问题。所以他采取的行动是：先向领导反映问题所在，比如员工不积极的原因是近两年受到电商挤压，线下销售的业绩不好，收入不高；再向领导提出解决方案，比如公司可以考虑开设新的电商渠道，来改变这一现状。这类人关注事情背后的原因，而且针对背后的原因，他们会积极提出新的解决方案，是典型的**合作型人格**。

在上述案例中，仔细分析五种员工的反应，可以将驱动员工做出不同反应的原因概括为两个：

一是利益，即个人对于利益的在乎程度；

二是人际关系，即个人对于人际关系的在乎程度。

如果把利益作为纵轴，人际关系作为横轴，就可以得到由这五种人组成的一个矩阵：

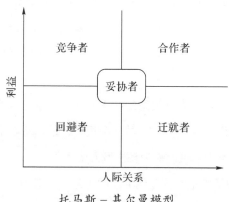

托马斯－基尔曼模型

属于竞争型人格，非常关注利益，却不关注人际关系的人，处于矩阵的左上方，我们称之为**竞争者**；

属于迁就型人格，不在乎利益，但在乎人际关系的人，处于矩阵的右下方，我们称之为**迁就者**；

属于回避型人格，既不关心利益，也不关心人际关系的人，处在矩阵的左下方，我们称之为**回避者**；

属于妥协型人格，对利益的在乎程度不如竞争者，对人际关系的敏感程度又不如迁就者的人，处于矩阵的中央，我们称之为**妥协者**；

属于合作型人格，能提出解决方案，致力于让双方利益最大化、人际关系最融洽的人，处于矩阵的右上方，我们称之为**合作者**。

这个矩阵就是典型的**托马斯－基尔曼模型**。

回到谈判上，无论是商务谈判，还是职场沟通，我们都可以根据对方对于利益和人际关系的在乎程度，将他对应到托马斯－基尔曼模型中，归类到合适的人格类型中。托马斯－基尔曼模型可以帮助你了解自己将要面对的对手更在乎什么，不在乎什么，从而以更适宜的战略战术，去应对对手、说服对手。

那么，要如何根据谈判对手的不同类型，去采取不同的应对策略呢？

应对竞争型谈判者

这类人把利益看得比人际关系更为重要，谈判中一旦涉及利益问题，他们会毫不妥协。因此，在应对竞争型谈判者时，不适合打情感牌，而是要更多地去强调你可以让他们获得什么利益。一旦谈判受阻，进行适当的利益让步，也不失为有效的策略。

比如，当你跟路边的水果小贩讨价还价时，如果对方在价格上寸步不让，最好的办法便是你在价格上做出让步，即不再砍价——不在直接利益上进行过多的纠缠。但你可以换一种方式，为自己争取到间接利益，比如请小贩赠送自己一个苹果。通常情况下，小贩都会答应你的请求，因为在价格和赠品之间，他更看重的是价格这一直接利益。

应对迁就型的谈判者

这类人通常更在乎人际关系，对于他人的情绪状态、语气语调以及肢体语言都比较敏感，对自身的利益却不甚关心。因此，应对迁就型谈判者的策略应该是打感情牌。只要把情绪氛围营造得融洽了，在利益上他们就自然愿意做出让步。

假设在一个项目中，你的合作伙伴是迁就型的人，你想在分配任务时按照自己的想法执行，那么在谈判之前，你就应该将你们的关系上升到朋友的程度，更通俗一点来说，就是跟他聊成"哥们儿"，顺便强调，完成这个项目，他就能获得上司赏识，他和上司的关系也能更进一步。诸如此类的铺垫完之后，再说出你的想法。

通常情况下，迁就型的谈判者不会主动拒绝别人的提议，因为这样不利于双方关系的维护，只要将气氛烘托得融洽和谐，且你的提议不会使对方的利益遭受严重损害，谈判获得成功的概率就会大大提升。

应对回避型谈判者

这类人既不在乎利益，也不在乎人际关系，很少会成为商务谈判的人选，我们在商务谈判中一般不会遇到这样的谈判对手。不过，在职场中，我们却免不了与回避型的同事有工作上的往来。

我们在职场上常常会遇到的"鸵鸟型员工"就属于回避型人格。他们在遇到问题时习惯采取回避态度，像鸵鸟把头埋在沙子里一样，不主动沟通协调，也不伤害他人。和这种回避型的同事共事，最好的办法就是将你们之间需要分工合作完成的内容，以邮件或者微信的方式发送给对方，同时将内容抄送给相关负责人或第三方。这样既避免了当面沟通给对方造成的压力，又能确保双方在流程监管下共同推进工作。

应对妥协型谈判者

这类人期望在利益和人际关系中找到一个平衡点，既不想因为人际关系影响到利益，也不想因为利益影响到人际关系。通常他们有自己的一套处事原则，但是在原则之外，还留有一定的沟通空间。因此，在应对妥协型谈判者时，我们需要快速找到他们的原则是什么，只要不侵犯他们的原则，事情都可以商量。

假设某天你因为上班迟到，公司人事专员在统计考勤时，要对你收取罚款。如果这个人事专员恰好是一个妥协型人格的人，平时你跟他的关系还不错，你会如何和他谈呢？在谈判之前，你应该先明确考勤制度上是否写明了迟到要缴纳罚款，也要弄清楚这位人事专员平常是否会按制度办事。如果是的话，照章办事可能就是他的原则，你应该在尊重对方原则的前提下，从中找出可以转圜的空间，如向对方说明自己之所以迟到，是因为在上班路上接到客户电话，到客户公司进行了一次紧急洽谈。只要意识到你是为了保护公司利益才触犯了相关制度，妥协型谈判者一般都会对你表示谅解。

应对合作型谈判者

这类人既关注利益也看重人际关系，同时他们会想办法将双方的利益最大化，并最大程度维护人际关系，是最理想的谈判对象。应该说，在商务谈判和职场沟通中，我们最喜欢和合作型的人打交道，他们会尽可能地寻求新的办法，来帮助双方在最大程度上实现双赢。面对这类谈判对象，达成协议的最好方式就是和他们一起，找到能够把双方利益蛋糕做到最大的解决方案。

有一个关于"天堂和地狱"的经典故事，就为我们展示了合作型的人解决矛盾的方式。故事讲的是：在天堂和地狱中，人们吃的是同样的饭菜，用的是同样的长筷子。地狱里的人只会用筷子向自己嘴里夹菜，结果由于筷子太长，每个人都吃不到食物，怒气冲冲。然而在天堂中，每一个人都会用长筷子夹菜喂给对方吃，结果大家吃得津津有味，其乐融融。

这个故事带给我们的启示是，所有的谈判其实都有创造新的解决方案、让双方实现共赢的空间，但达成这一结果的前提是谈判双方都必须具备合作型人格。

谈判是一门实现利益和人际关系双赢的艺术。在面对不同风格的谈判对象时，托马斯–基尔曼模型可以帮助我们理清对应的策略，从而因人而异、因势利导地去说服对方，促使双方在谈判中达成共赢。

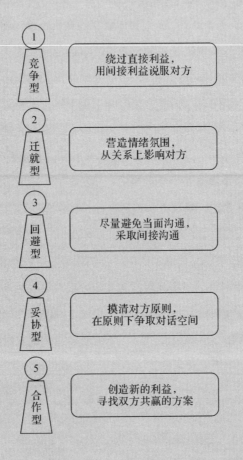

【谈判加油站】 | 托马斯－基尔曼模型：应对五种谈判对手

1 竞争型 —— 绕过直接利益，用间接利益说服对方

2 迁就型 —— 营造情绪氛围，从关系上影响对方

3 回避型 —— 尽量避免当面沟通，采取间接沟通

4 妥协型 —— 摸清对方原则，在原则下争取对话空间

5 合作型 —— 创造新的利益，寻找双方共赢的方案

【谈判训练营】 请用托马斯－基尔曼模型在你的同事中找出五种类型的人，想一想，如果你要请他们来协助你做一个全新的项目，你要如何说服他们。

02 梳理谈判筹码：
让资源为你所用

有句话说得好："人生的意义不在于拿到一副好牌，而在于当你拿到一副烂牌的时候，还能将手中的烂牌打好。"

谈判就像打牌，有利的资源未必每次都掌握在自己手中，如何利用好自己手中有限的资源，就变得尤为重要。因此，面对一场谈判，先不要急于开场，而是要先盘点一下自己手中的资源，确立双方的谈判优势，做到胸有成竹。

认识谈判筹码

在谈判中，所有可以为你带来价值、给谈判对手造成损失，或显性或隐性的资源，都是你的谈判筹码。你手中的谈判筹码准备得越多，谈判的胜算也就越大。

需要明确的一点是，并非所有的资源都可以成为谈判筹码。那些对你的谈判并没有实质性帮助的资源，就不能算作是谈判筹码。

比如，同属于技术资源，把线缠在线轴上这项技术几乎人人都会，并没有什么了不起的，所以这项技术就不可能成为你的谈判筹码；如果你掌握了制造火箭的技术，且这项技术在全世界只有不到 10 个人能够掌握，那就厉害了，在某种谈判场合，这项技术不仅可以成为对你有利的谈判筹码，还可以让你获取高额报酬。

但要记住，这个谈判筹码仅在特定的谈判场合下才能发挥作用。制造火箭的技术可以成为你在航天科研机构中升职加薪的筹码，但在你和小贩的讨价还价间却未必能发挥作用。

那么，面对种类繁多的资源，如何判断哪些资源可以为自己所用，哪些资源可以为自己带来利益，给对方造成损失？是否存在一种关于谈判筹码的分类方法，让我们可以根据分类将筹码运用到谈判实务之中呢？

2015 年后我开始从事大数据应用行业，经常要面试形形色色的求职者，大部分求职者都没有给我留下什么印象。只有一次，一个应聘技术岗的应届生，让我印象十分深刻。这位求职者最大的特点是，非常善于梳理自己手中的筹码，并能把自己的优势完全呈现出来。对于技术岗的面试，这位应届生具有如下的优势：

（1）面试前，对公司的情况充分了解。

在正式面试之前，他已经详细地分析了我们公司的背景、产品、市场、影响力等诸多方面，并根据所应聘的岗位要求预测到可能会被安排去的团队，对于该团队的产品类型方向，甚至是产品线的市场地位和未来前景也都有所了解。这种充分准备的认真态度，给我留下了极佳的第一印象。

（2）自我介绍时，呈现自己独特的优势。

他并不宣扬自己技术有多强，写过多少代码（这些在简历上已有清晰体现），而是讲述自己在校参加研发团队项目时，得到了哪些经验，哪些方面有待提高，哪些方面还需要学习……这些话题既展现出他的项目经验，也让我感受到他做事有计划、有目的，拥有善于学习和总结的特质。

（3）面试过程中，主动与我沟通细节。

在我详细地介绍了公司、团队，以及相应的岗位职责之后，他主动跟我沟通细节，询问产品未来的发展方向，并对此提出自己的见解，甚至还提出了"技术岗是不是公司核心岗位"的疑问，让我感受到他对这份工作的尊重和重视。

（4）抓住时机，适时抛出自己的谈判筹码。

在发现我对他越来越感兴趣时，他适时地提出了手上还有一个offer（录用通知）正在考虑，甚至分享了这个offer可以提供的薪水，以及他对于该offer的理解，同时表现出了对我这边职位的兴趣。这立马让我有了紧迫感，感觉碰到了"对手"，迫使我当时就必须做出是否录用他的决定，并且不得不考虑是否应该为他提供更高的薪酬。

在我看来，这个初出茅庐的应聘者，在面试这一关做得非常成功。我过往遇到的大多数应届生因为缺乏工作经验，在面试时往往不是被动应答，就是不敢展现自己的主张，唯一能提问的就是薪酬待遇，这让面试官得不到任何有用的信息。他们即便被录取，却因为给人留下的综合印象一般，很难拿到好的待遇。

但这个应届毕业生在整个面试过程中，不仅非常清楚自己所拥有的谈判筹码，也清楚作为谈判对手的面试官手中所掌握的筹码，知道我的需求和痛点，并且将谈判筹码的运用发挥得淋漓尽致。

四类谈判筹码

根据上文分享的经历，我和这位求职者在这次面试中所使用的谈判筹码，主要可以分为四类，即**正向激励筹码**、**负向惩罚筹码**、**既定性筹码**和**创造性筹码**。

先讲一讲**正向激励筹码**和**负向惩罚筹码**这两类筹码。

正向激励筹码是一种利诱性筹码。通过该筹码让对方获利，可以增加对方答应你要求的概率。比如，在面试中，我向求职者承诺给予他高于同等职位的薪水，从而吸引他加入我们公司，就是我的正向激励筹码。

负向惩罚筹码是一种惩罚性筹码。如果对方表现出不合作的态度，或者己方的利益诉求得不到满足，就可以通过负向惩罚筹码让对方遭受一定的损失。在上述的面试中，这个应聘者所拿出的撒手锏——他在考虑另外一个 offer，如果得不到更好的待遇，他还有别的选择，这就是他给我的负向惩罚筹码。

这里有一个非常有趣且值得我们深思的问题：同一岗位的高额薪水，如何从招聘方的正向激励筹码变成了应聘方的负向惩罚筹码？

实质上，在招聘方的承诺里，高于同等职位的薪水本是应聘者所没有的东西，招聘方拥有更大的自主权，其实我本来只打算给他一个中等水平的薪资待遇。但是，一旦应聘者拥有了一个保底的同等薪酬的筹码，就相当于拥有了一个让招聘方遭受损失的筹码。应聘者可以非常自信地提出要求，如果要求不被满足，他就会做出另外的选择，这是通过威胁招聘方来达成取得更高待遇的目的。而作为招聘方，此时只有抛出应聘者在其他 offer 中拿不到的、更高的薪资待遇，即正向激励筹码，才可能对他起到利诱的作用。

当然，同样程度的得到和失去，对一个人的心理效用是有所不同的。比如心理学家丹尼尔·卡尼曼曾以**框架效应理论**，对人们做过如下的测试：

情境 1

方案 A：保守方案，可以稳赚 1000 元。

方案 B：激进方案，有 50% 的机会赚 2000 元，但也有 50% 的可能赚不到钱。

测试的结果是，大部分人会选择 A，也就是保守方案。

情境 2

方案 A：保守方案，铁定会损失 1000 元。

方案 B：激进方案，有 50% 的可能损失 2000 元，但也有 50% 的机会没有任何损失。

测试结果是，大部分人会选择 B，即激进方案。

学过概率学的人都知道，无论是情境 1 还是情境 2，A 和 B 方案都是等价的。但是，人们在面临获利时，不愿冒风险；但在面临损失时，人人都成了冒险家。

这种心理现象就是典型的**损失厌恶偏见**，即在筹码尺度不变的情况下，负向筹码要比正向筹码具有更大的威力。实际上，每一个正向筹码在谈判中最终实现效用，都是因为它转换成了更具威力的负向筹码。

在上述的面试案例中，作为招聘方的我之所以愿意开出高于同等职位的薪水，是因为应聘者手中握有的负向筹码对我发挥了作用，如果我不这样做，他可能会放弃这个职位，去选择其他 offer。

因此，为了使谈判更具有效率，在谈判之前，你应该尽己所能去了解对方所在意的、不能失去的东西。如果你完全不知道对方的痛点在哪里，或者并没有事先掌握对方害怕失去的东西，你很可能会输掉这场谈判。

除了**正向激励筹码**和**负向惩罚筹码**，我还在招聘中使用了**既定性筹码**和**创造性筹码**。

既定性筹码是一种能为人所见，明面上的资源和条件。在谈判中，既定性筹码通常起到锚点的作用，即我们在做谈判预测时，通过对确定性的资源和条件的衡量，从而对双方的利益和价值有一个最初的定位。这个定位如同船锚一样，不仅决定了谈判中整个评价体系的大致标准，同时也为我们设定出了一个目标底线，以及理想目标的谈判范围。

比如，在这次面试中，招聘方手中的职位、薪水标准，应聘者的经历、沟通技能、学习能力和发展潜力等，都是既定性筹码。围绕着这些筹码，双方就可以各自在心中画出薪水底线和最高薪资之间的范围。在这个范围之内，双方会想办法为自己争取到更多的利益。

通常情况下，从谈判准备开始，直至谈判过程中抛出核心诉求之前，谈判双方基本上都是在抛出自己的既定性筹码，梳理对方的既定性筹码。

创造性筹码是根据谈判中所获得的信息，临时创造出来的筹码。创造性筹码依附于既定性筹码之上，当对方无法满足你的要求时，抛出你的创造性筹码就成了顺理成章的事情。因此，创造性筹码经常会起到关键性作用，甚至有逆转全局的价值。

比如，在这次面试中，我原计划根据既定性筹码，在我能开出的薪水范围内，以市场上的标准薪水来录用这位应聘者。但当他忽然亮出另一份 offer 之时，我意识到必须用更高的薪酬待遇，才能争取到这个人。在此过程中，他为我创造并抛出了新的竞争对手，这就是他的创造性筹码。这个对我来说具有竞争性的第三方，就使此次面试形成了一个三角对峙的博弈局面，而不是之前简单的双方对弈局面。

当双方在谈判中已经达成了大部分的共识，却在某个关键利益上出现分歧时，其中一方抛一个意料之外的创造性筹码，往往会促成谈判定局。很多情况下，创造性筹码也可以成为最佳替代方案。因此，在谈判前，我们需要把对方所能拥有的替代方案全部考虑在内，这也是一个成熟的谈判者所应该做好的准备。

因此，在正式谈判前，只有充分检视双方的筹码，并将这些筹码进行分类，做好充分的准备，才能在谈判桌前适时地将适用的筹码抛出来，进一步争夺话语权，扩大自己的优势。

具体而言，梳理谈判筹码可以通过回答以下几个问题来进行：

（1）哪些是可以给对方激励的正向筹码？

（2）哪些是可以给对方造成损失的负向筹码？

（3）哪些是明面上双方都知道的既定性筹码？

（4）哪些是对方可能在谈判中临时抛出的创造性筹码？

通常情况下，公司作为招聘方，在招聘面试中更具有话语权，而应聘者则是话语权较少的一方。有时应聘者甚至在招聘方面前连平等对话的机会都没有，只能被选择。但前文的案例告诉我们：看似实力更强、筹码更多、更有话语权的一方，不一定会赢得谈判；看似实力较弱、筹码偏少、缺少话语权的一方也不一定会输掉谈判。关键在于，你如何运用手中所握的资源和筹码。

回到本节开篇的那句话："人生的意义不在于拿到一副好牌，而在于当你拿到一副烂牌的时候，还能将手中的烂牌打好。"如何将一副烂牌打好，并非口上说说而已，而是要付诸实践，努力地沉淀自己的优势，有效利用手中的资源，在适当的时机亮出自己的王牌。

【谈判加油站】 │ 四类谈判筹码的运用时机：

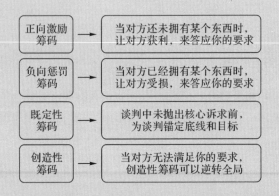

正向激励筹码 →	当对方还未拥有某个东西时，让对方获利，来答应你的要求
负向惩罚筹码 →	当对方已经拥有某个东西时，让对方受损，来答应你的要求
既定性筹码 →	谈判中未抛出核心诉求前，为谈判锚定底线和目标
创造性筹码 →	当对方无法满足你的要求，创造性筹码可以逆转全局

【谈判训练营】 │ 请你回忆一下自己最近一次的应聘经历，想想你在这次应聘中是否正确地运用了本文讲到的几种谈判筹码。

假设你要向目前所在的公司提出加薪申请，想一想你可以从哪些方面来梳理和应用自己手上的谈判筹码。

03 明确谈判三要素：决策者、目标和进度

除了认识谈判对手、梳理谈判筹码之外，在谈判开始之前，你还要明确这三件事：

第一件事，你必须确定谈判桌上真正的**决策者**是谁。谈判决策者的身份决定了他和你谈判的范围。比如，通常在求职面试中，求职者会经历招聘专员、人力资源总监、老板的多轮面试，面对每一轮不同的决策者，你所需要做的准备也会不尽相同吧？

第二件事，你必须清楚谈判要实现的**目标**。如果不明确目标就进入谈判，你对于对方的提案就会缺乏判断的依据，甚至根本无法判断自己什么时候应该说"可以"，什么时候要坚决地说"不行"。比如，如果你的目标是晋升成部门主管，但老板只肯提拔你成为部门内部一个小项目的主管，你还会爽快地答应吗？

第三件事，你必须确保谈判**进度**不会偏离正确的轨道。如

果你遇到一个超级啰唆、说话东一榔头西一棒槌，甚至是被情绪带偏的谈判对手，控制谈判进度就变得尤为重要。如果你在谈判前就准备了应对干扰的机制，你还会眼睁睁地看着时间流逝而无能为力吗？

既然以上三件事对于有效的谈判如此重要，那么为了确保自己的根本利益，在开始准备谈判时，你最好认真对待决策者、目标和进度三个要素。

决策者

我刚毕业时，进了一家贸易公司工作。尽管时隔多年，但入职后的第一单仍令我记忆深刻。当时，我的同事，业务员小李，要跟采购方谈一个比较大型的采购项目，我的任务是协助他完成整个采购任务。记得小李花费了大量时间跟进这个项目，在和对方进行了多轮价格谈判后，眼看着马上可以签合同了，对方的业务员却忽然告诉我们："抱歉，今天您给的这个价格，我做不了主，我们公司只给了我 80 万元的采购预算，所以我要回去和领导申请一下，再做决策。"当时的我们，如同遭遇了一记闷棍，一瞬间郁闷得无法用言语形容。经过这么多天的周旋，在投入了这么多的时间和精力之后，却发现我们的谈判对象在价格上根本没有决策权……可想而知，当时的我们有多被动、多无计可施。摆在面前的只有两条路：要么让价，要么等待一个不确定的结果。

在谈判中，我们难免会遇到上述情况，在快要达成协议的阶段，对方却说自己在一些关键的问题上没有决策权，需要进一步向上级请示，这就让谈判进入到一个非常尴尬且对自己不利的状态。

其实，之所以出现这种情况，是因为在谈判开场前，我们没有搞清楚真正的决策者是谁，没有了解清楚自己面对的谈判对象：他的决策范围到底有多大？哪些事情他可以拍板？哪些事情他还没得到授权？

比如，在上面这个案例中，小李在谈判开场前见到采购方时，如果先问一句："采购合同涉及的条款比较多，您这次来，不妨我们先确认下，哪些议题是您可以做决定的，哪些议题是需要回去再协调的？我们可以从您能决定的部分开始谈，您觉得呢？"

这样不失礼貌的询问，不仅可以让我们去评估面前的这位谈判对象能决定什么，不能决定什么，也可以省去很多不确定的麻烦，从而将谈判节奏掌握在自己手中。而一旦对方事先表明了在一些问题上自己可以做主，就可以在极大程度上避免在双方达成协议前，出现案例中的局面，避免对方以一个不正当的理由对我们构成要挟。

再举一个生活中的实例。大家去售楼处看房时，一定会有这样的经历：售楼处的业务员在介绍楼盘情况之前，通常都会问，"今天您家人来了吗？""太太（或先生）来了吗？""您今天打算定下来吗？""您知道今天定的话，我们有很大的折扣吗？"这一连串的问题，看似是在不经意地套近乎，实际都是在试探你的购买意愿和决策范围，确定你是否有最终决策权。如果你说"太太（或者先生）没来"或者"今天不一定能定下来，有些问题还要回去和家人商量"，那么，业务员接下来可能只是简单地给你介绍楼盘的基础信息，并不会在你身上花费过多精力去促成合同的签订。

因此，在谈判开始前，要尽可能地去明确对方到场人员的身份、职位，以及他们相应的决策范围。这样，不仅可以为谈判增加许多确定性，也会减少不确定性可能带来的损失，包括时间成本、精力成本等等。

目标

还是以上文的采购案例来举例，作为供应商的小李要和采购方谈的是一个比较大型的合同，涉及诸多细节，一次谈判无法确定所有的问题，要分多次谈判，才能最终达成协议。

在第一次谈判时，对方和小李几乎谈到了所有问题，却什么条款都没确定，这样的谈判其实是毫无进展的。

在涉及复杂问题的谈判上，我们往往需要多次磋商才能达成共识。在这种情况下，为了有效推进谈判进程，最好为每一次磋商和谈判确定一个清晰的目标，用具体的语言去描述我们当下所要沟通的议题，还有最后需要输出的结果或者反馈。

在上文的案例中，如果小李能够在第一次谈判开场前就明确这次谈判所要达成的目的，可能一切就会顺利许多。比如，他可以这样和采购方讲："面对这样大型的采购，我们双方需要沟通协商的内容和细节比较多，所以我的建议是，这一次碰面，如果我们能确定我们公司能供应的货品有哪些，以及哪些货品比较契合贵公司这两件事，这次沟通就是有成果的。其他的问题，不妨等下次我们再详细沟通，您觉得如何？"

在谈判开场前，务必要和对方确定这次谈判所涉及的议题、需要达成的目标和输出的结果。只有做到这几点，双方才不会像无头苍蝇一样进入谈判，而是让每次谈判都能输出结果。即使成果很小，但谈判依然获得了成绩，整个谈判进程就能够往前推动。

进度

我的朋友小吴是移动公司客户服务部门的经理，他每天的工作就是面对大量的投诉案件，快速地去跟客户沟通，处理好客户的投诉。但是，并不是所有投诉的客户都能精准地描述问题，他经常会碰到絮絮叨叨说个不停，却总说不到重点的客户。对于这样的客户，如果你粗暴地打断他，更会引起他情绪上的抵抗；如果不去打断他，又会浪费自己的时间。这样的情形，常常让客服人员陷入进退两难的局面。

遇到啰嗦的客户时，如何才能控制好进度，不被对方带偏呢？小吴用了两个方法：

（1）总结—反馈。

在对方重复讲述一件事情时，一定要瞄准时机，对对方刚才漫无目的的抱怨做出总结和反馈，并且迅速地把进程推向下一个环节。比如，这位客服经理常用的话术是："刚才您大概说了这几个问题，我跟您确认一下，您看我说得对不对？"

通过简单地总结对方所描述的问题，将对方从滔滔不绝的陈述中拉回来，聚焦到目标问题的确定和解决上，从而掌握进度。

（2）流程设计。

小吴分享过这样一个案例：有一次，一位客户对着柜员抱怨了半个多小时，情绪非常激动，柜员不好打断他，只好向小吴求助。小吴将处于愤怒情绪中的客户带到了贵宾休息室，对客户说："我知道您很着急，您放心，您这次投诉的问题，我了解清楚后一定会尽可能为您解决。在这之前，您不妨在我们的贵宾休息室休息 10 分钟，喝杯茶，平复一下情绪。"

接着，在这 10 分钟里，小吴快速地向同事问清楚了客户投诉的原因，并初步制定好了处理方案，最终为客户圆满解决了问题。

可见，在谈判过程中遇到一些临时状况和棘手问题时，用流程设计的方式来为自己争取一些准备的时间和空间，是一个行之有效的方法。流程设计的好处正在于，不强迫对方让步或妥协，而是通过一个礼貌且善意的方式，对流程灵活地进行安排，以便在不受对方干扰的状态下，迅速制定出处理方案。

　　可以毫不夸张地说，谈判前的准备往往决定了我们最后获得的结果。在谈判开场前，对方的决策范围，本次谈判涉及的议题，需要达成的目标，应对干扰的方案……这些信息确认得越明确，准备工作做得越细致，我们赢得一场谈判的概率就越大。

【谈判加油站】 | 谈判开场前明确三要素：

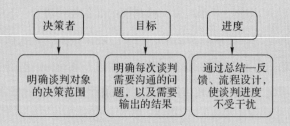

决策者	目标	进度
明确谈判对象的决策范围	明确每次谈判需要沟通的问题，以及需要输出的结果	通过总结—反馈、流程设计，使谈判进度不受干扰

【谈判训练营】 假设你现在需要在公司内部主持一个项目讨论会，召开本次讨论会的目标是协调各部门组成新的项目小组，参加讨论会的成员有各个部门的同事，你会如何运用本节的知识点来提高这次讨论会的沟通效率？

第二章

建立谈判开场秩序

谈判就像下棋，开局就要占据有利位置。

在象棋对弈中，棋手将最开始几步战略性的落子称为"布局"，以期在开局时让棋盘上的局势有利于自己。谈判也是如此，谈判双方带着各自的目的，面对面地坐在一起，排兵列阵地进入开局。这时，谁能够捕获更多的信息，谁能够准确预测对方的棋路，谁就能抢占有利的位置，为自己赢得优势。

具体而言，要想在开局时捕获更多信息，通常会涉及四件事情：

我们给对方留下的印象如何？对方是否感到我们是值得信任的？

我们在开场时，需要营造什么样的氛围，是合作还是对抗？

如果对方不愿透露太多信息，我们要如何去询问？

我们如何通过聆听和反馈，从对方身上获得更多的信息？

一旦在这些关键问题上掌握方法，我们就可以在谈判开局以后，实质性谈判开始之前，完美地完成自己的首次亮相和谈判实力的首次较量。

04 管理第一印象：迅速拉近双方的距离

"第一印象"对于沟通的重要性不言而喻。

面试的结果往往在开始的几分钟就已确定；观察一对夫妻交流几分钟，就能够判断出两人的感情状况；与一个陌生人聊上几分钟，就能决定是否对他产生信任……

同样，在谈判的场景中，我们不经意间说的一句话，流露出的一个表情，甚至一个极其平常的小动作，都会构成对方对我们的第一印象，成为对方评价我们的重要依据。而良好的第一印象恰恰是后续谈判能够达成满意结果的基石。

前段时间，公司产品事业部新到岗了一个大客户项目经理——小陈，他的专业能力不错，但在商务技巧上却稍有欠缺。他到公司不久后，发生了这样一件事情：公司的竞争对手在市面上投放了一款新产品，对比我们公司的产品，这款产品不仅在操作上更流畅，在客情和价格上也具有竞争性。由于这款新产品的出现，一家同我们合作了多年的老客户，很可能会和我们终止接下来的合作。

为了留住这个老客户，小陈前往客户公司去沟通情况。虽然已合作多年，但由于人员调整，这其实是小陈和客户的第一次见面。

见面寒暄过后，小陈开门见山地表达了自己的来意："刘总，听说你们今年不打算和我们继续合作了，我们双方合作这么多年，并且一直以来，我们给你们的价格也比友商的价格优惠许多，如果真的中断合作，是不是有点不够意思？"

小陈本以为彼此不需要太多的生疏和客套。但在客户刘总看来，小陈完全还是一位新人，初次见面，非但没有对多年来的合作表示感谢，反而连不继续合作的原因都还没调查清楚，就开始在言语中"兴师问罪"。

虽然心里十分不悦，刘总依然客气地回答了小陈："最近我们确实在试用一款新产品，用起来比较流畅。不过我们双方公司的合作也不是说断就断的，需要公司对产品做过详细比对后，再来考虑。"

此时，小陈非但没有意识到老客户已经对自己表现出了距离感，反而接着说："刘总您这么说，就是不太相信我们的产品了。我们的产品可一直都是行业第一，性价比又高……"讲起产品，小陈开始滔滔不绝，根本没有给对方留讲话的机会。

最后，刘总只好语气生硬地打断他："我说了我们还在考虑，你先回去等消息吧！"直接结束了会谈。

类似前面这种商务沟通，一般情况下，优秀的谈判者都不会以指责对方、吹嘘自我的方式开场，因为这样做，绝不会为我们在初次接触中赢得信任和好感。对于这种合作多年的老客户，双方良好的关系基础已经具备，但凡在印象管理上掌握一些基本的技巧，都不会导致对方一两句话就终止了谈判的恶性结果。

那么，在印象管理上有哪些基本的技巧，可以让我们迅速拉近双方距离，避免出现小陈这种失误呢？

我根据自己多年的谈判经验，总结出了"**印象管理三步法**"，希望大家都能在谈判开场时给对方留下良好的第一印象。

第一步：释放诚意

在谈判一开场，想让对方感受到你的诚意，就要注意在语言上，展现出你关心对方需求的态度。具体而言，你可以向对方传递这样的信息："我是真心实意来寻求合作机会的，若您有什么需求，请尽管告诉我。"

此外，无论你在谈判中是处于强势还是弱势，是你求别人还是别人求你，主动询问对方的看法，尽可能去了解更多的信息，对你会有不少的帮助。

回到上文小陈的案例，如果小陈一开始不是开门见山地表明来意，而是先去了解对方对于新上市的竞品的看法，并询问对方对原来使用的产品有何意见，多去了解对方的需求，就会更为顺利地推进谈判。

为了释放诚意，你还可以告诉对方自己为谈判做了哪些准备工作。比如，小陈可以告诉刘总，在这次见面前，自己不仅实地调研了市场上的同类产品，还特地找到之前负责这个项目的同事，详细地了解了刘总所在公司的合作需求，以及这些年来这项合作为双方创造了哪些价值。

第二步：为对方留出充分的话语参与权

不仅是商务沟通，在任何沟通情境中，如果话语权被牢牢地握在一方手中，不给对方共同参与、充分表达的机会，一般都不会取得良好的谈判结果。如果像上文案例中的小陈一样，只顾自己一个劲儿地发表看法，让自己成为对话的主角，却不给客户进场讲话的机会，这种沟通习惯往往会让对方觉得谈判彻底失控，以至于做出终止谈判的决定。

那么，要如何在对话中为对方留出话语参与权呢？

不妨试试"我讲的也许不一定对"这个句式，来纠正自己的话语习惯。

比如，小陈可以在陈述观点时，换一种表达方式："刘总，您刚才提到其他公司的新产品用起来更流畅，我也想和您沟通下我了解到的情况。我讲的也许不一定对，如果您觉得我讲的有任何问题，您可以随时纠正我。我们以前也研究过，这种产品如果想用得更流畅的话，只有带上插件才能有效果，只是插件可以轻而易举地获得你们的交易数据，也是有一定风险的。"

如果用这种方式和对方沟通，同样是表达自己的观点，但却把握了合适的分寸感，为对方随时进场、参与对话留下了缝隙。在此基础上，对方会快速地建立起对你的信任，你对产品的专业介绍，对方也会更容易接受了。

第三步：挖掘彼此的相似点

在汉语字典里，有一个字一针见血地概括了双方之间的相似点，即"同"。试想在平常的工作和生活场景中，凡是带有"同"的词语，如同学、同事、同行、同乡等，都可以帮助我们迅速地找到双方的相似点，拉近彼此的距离。

比如，你去参加一个社群活动，参与者你都不认识。为了打开话匣子，你可能会不由自主地想去找到和自己具有相似性的人，如老乡、校友、同行等。这个策略的背后，实际上隐藏的正是：相似性更容易让人与人之间产生深层次的联系以及由衷的好感。

双方之间的相似性也是有规律可循的。相似性一般分为两种：一种是客观相似，即双方无法改变的客观背景上的相似，如性别、年龄、家乡、学校、专业等；另一种是主观相似，即受个体的主观影响且可以被改变的相似点，如爱好、生活习惯、价值观等。很多时候，即使你在客观背景上找不到和对方的相似点，也可以主动地和对方达成个体主观上的相似。

希望印象管理三步法能帮助你在谈判开场时给对方留下良好的第一印象，迅速拉近与对方的距离，在融洽和谐的谈判氛围中，推进谈判，达成合作。

【谈判加油站】 | 印象管理三步法:

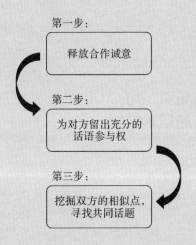

第一步:

释放合作诚意

第二步:

为对方留出充分的
话语参与权

第三步:

挖掘双方的相似点,
寻找共同话题

【谈判训练营】 | 假设你刚加入一家公司,入职第一天,如何运用印象管理三步法,给新同事留下一个不错的印象,迅速拉近和同事之间的距离?

05 说好开场第一句：
掌握开场话术模板

在谈判中，开场白是打开局面的关键。

"万事开头难"，好的开始是成功的一半。如同判断一道佳肴是否美味，第一口给人的感觉至关重要；也似一场赛跑要分出胜负，跑赢在起跑线往往是不可或缺的。

在谈判开始时，如何通过开场白进入到谈判角色，准确把握对方的意图，为整个谈判奠定好基础？

在解决这个问题前，我们先来看一个案例。

小鹏是一家化妆品公司的销售，最近公司新调来了一位销售经理老李。为了刺激内部竞争，提升公司业绩，老李新官上任后制定了新的考核制度，不仅提高了每个销售人员的KPI（key performance indicator，关键绩效指标考核法）指标，而且要求公司辞退每个季度KPI考核不达标且排名在最后的销售人员。

　　在最近一个季度的考核中，由于某些原因，小鹏的 KPI 排在了全公司最后一名。虽然小鹏在前三个季度一直是全公司的销售冠军，但按照新制度的规定，小鹏还是成了公司的辞退对象。为了争取留在公司，小鹏提出在自己被辞退前，要和老李谈一谈。两个人在公司人力资源负责人的撮合下，坐到了一起。

　　两人的谈判在一开场便遇到了问题。刚一坐下，没等老李开始说话，小鹏就对老李制定的新制度提出了质疑："领导，因为一个季度 KPI 不达标就开除我，是不是太过分了？我这个季度没达标是有原因的。前几个季度我都是公司业绩最好的。最近市场不景气，咱们公司客户流失率太高了，但分到我们每个人身上的业绩指标不降反升，而且我自己最近刚好有些私事，请了一段时间假，也影响了我按时跑业务……总之，怎么说也不能因为一个季度表现得不好，就抹杀我以前的成绩吧？"

　　听完这段话，老李给出的回复是："我坐下来和你谈，不是要听你列举一大堆没有完成业绩的理由，你如果对辞退结果不满意，请用我能认可的方式来和我谈！"老李当即生气地结束了这次谈判。

　　如果你和成熟的商务人士谈判过，就会发现：他们通常把第一句开场陈述的权利交给你。在不了解、不清楚你的需求时，他们总是不轻易发表言论，而是尽可能让你先开口，最大限度去获取信息，去了解你的需求所在，然后才开始有针对性地陈述自己的观点。

然而在上述的案例中，小鹏在谈判开场时，没了解老李的真实想法就先表明自己的观点，使自己陷入被动的局面，而且还非常情绪化，毫无逻辑地陈述了一堆内容，却连正确的诉求都没有提出来。可以说，小鹏丝毫没有掌握谈判开场的陈述技巧。

那么，在谈判中，要如何说好第一席话，避免自己陷入被动的局面呢？

需要注意以下两个步骤。

第一步：在开场陈述顺序上，尽量让对方先做陈述

我们可以用一个"**摆事实 + 提问题**"的话术模板，巧妙地将陈述的权利交到对方手中。

所谓"摆事实"，即先导入事实，不做任何表态，也不提出自己的观点。陈述事实的好处在于，你所讲的任何内容都是客观的，不带有主观的意见和情绪，让对方无法判断你的态度。

所谓"提问题"，即陈述完事实之后，你附上提问："对于这件事情，您觉得怎么样呢？"或是："您对这件事情怎么看？"

回到上文的案例，如果小鹏想让老李先陈述，就可以用这个话术模板来引导："领导，这个季度我确实没有完成公司定下的指标，我很惭愧，不过我过去几个月都是超额完成指标的，这也是事实。我想知道对于我这一年来的业绩表现和我个人的能力，您是怎么看的呢？"

前半句是"摆事实",后半句是"提问题"。用这个模板来开场,小鹏便不会被动地表达自己的想法,而是把陈述的权利交到了对方手里,让对方不得不根据提问做出回答,从而使自己获得更多的信息。

反之亦然。如果老李想让小鹏先陈述,他可以这样说:"身为公司销售部负责人,客观地说,我们是以 KPI 为导向的,但你以前一直完成得很好,这一次,你能告诉我为什么没有完成指标吗?"

第二步:自己陈述时,遵循三个原则

(1)进行价值描述,提出要求。

等到对方陈述完毕,轮到自己陈述时,陈述的内容应该包括**价值描述**和**提出要求**两个部分。

所谓"价值描述",即和对方总结回顾一下,过去合作中自己为对方提供的价值。

所谓"提出要求",即告诉对方,在我为你提供了某些价值之后,相应地,你也应该给予我一些价值作为交换。

回到上文的案例,小鹏可以这样开场:"领导,您看过去几个季度,我一直勤勤恳恳、超额完成任务,在我心中,我是希望一直能为部门贡献价值的。这一次,我确实完成得不好,其中既有我个人的原因,也有一些客观原因,我希望您能听我解释一下这其中存在的客观原因,并且能给我一个机会,继续

观察一下我接下来的业绩。"

以这样的陈述方式，小鹏先总结过去自己为公司创造的价值，然后再提出自己的要求。此时，老李不仅可以重新审视小鹏以前的贡献，还有可能考虑答应小鹏提出的要求。

需要注意的是，为了让你的价值描述听起来更具有说服力，最好事先准备好具体的证据，如体现价值创造的业绩数据、客户评价、同事评价等，将这些证据充分展示给对方。

（2）尽量横向展开，不要纵向深入。

开场陈述时，尽量不要在某一个具体的细节上做深入陈述，因为开场陈述的目的是要表明这次谈判的方向、要沟通的议题，而不是直接进入谈判。横向展开的陈述，可以让彼此对谈判的框架和脉络有个整体把握。

回到小鹏的案例，谈判开场时，小鹏可以这样说："我这个季度的业绩确实没有达标，其中有一些客观原因，稍后我会给您一个详细的解释。但这不是常态，长期以来我的业绩可以证明，我本身是有一定能力的。我相信公司也不会以一次得失论胜负。如果可以的话，我也想请领导继续相信我，帮我一起克服困难，解决目前业务推进过程中的难题，快速提升我的业绩。"

运用这样的话术，不仅可以避免在开场直接围绕"季度不达标的业绩"，进行冗长的解释，引起领导的反感，还可以提醒领导以长期的时间维度，来综合考量自己的能力，并且将这次的谈判方向引导到"请领导注意到客观困难,并帮助自己一起解决困难"的议题上来,为自己争取到新的对话空间。

（3）表明你的议题禁区,将谈判聚焦到目标方向上。

所谓"议题禁区",一般是指触及原则性、不存在谈判空间的话题。

比如,在小鹏提出新的 KPI 指标过高时,老李就可以在陈述中表明:"公司为销售人员制定的季度考核指标不存在可以降低的空间,所以我们不必围绕指标是否合理这个话题进行谈判,而是要围绕怎么去解决困难、提升业绩进行沟通。"

这种表明禁区的开场,在国际关系谈判中尤为重要。历史上,中英两国对于香港回归问题,从 1982 年撒切尔夫人访华,到 1984 年,共进行了 22 轮谈判。邓小平在和撒切尔夫人谈判时,在开场前就表明"主权问题不是一个可以讨论的问题",这就为谈判定下了基调。

在谈判陈述中,表明自己的原则,让对方知道你的底线和谈判的禁区,可以保证谈判的正常开展,避免在无效议题上浪费时间,将谈判的议题聚焦在目标的达成上。

谈判的开场意义重大,往往决定着后面的谈判能否顺利进行下去,因此开场要小心谨慎,争取在开场中把握主动权,为后续的谈判做好铺垫。

【谈判加油站】 | 开场陈述的话术模板：

第一步：让对方先陈述

摆事实+提问题

第二步：自己陈述时，遵循三个原则

原则1：进行价值描述，提出要求

原则2：尽量横向展开，不要纵向深入

原则3：表明议题禁区，聚焦谈判目标

【谈判训练营】 | 年底了，如果你准备和领导去谈谈加薪的事情，你准备如何做开场陈述？

06 适度隐藏需求：
避免过度暴露，陷入被动

    谈判是谋求满足双方需求的过程。但是对方真正所需要的，我们却常常无法从表面得知。如果你在谈判中表现出过度的渴求，就很容易被对方抓住软肋，陷入被动。因此，聪明的谈判者往往不会轻易暴露出自己的真实需求。

    我的一个朋友曾经跟我分享过一个案例，说的是他自己接触过的一个谈判对象，因为过度暴露了需求，以至于在见面后的短短一分钟之内，就输掉了谈判。

    当时，我的这位朋友因公司发展需要，要向另外一家公司采购一批产品，对方派来了一名销售经理小李，来洽谈这次采购业务。洽谈当天，小李随身携带了厚厚的一摞资料，西装笔挺地来到公司。刚和我朋友见面打过招呼，小李就热情地说："我为这次洽谈准备了三种不同的合作方案，分别提供了三种报价。另外，现在也是我们公司年底冲业绩的时候，我带着最大的诚意过来，也会尽力为贵公司争取让利。"

在开场的短短一分钟之内，小李就在陈述中释放出"准备了多种方案""主动让利"等一系列信号，导致我的朋友还没有开口，就已经在这次洽谈中占据了优势地位。毫无疑问，在后续的谈判中，这位朋友牢牢把握住小李对于达成合作的急切需求，尽可能多地吞噬掉了小李的筹码。

在日常的谈判中，上文那样的开场其实经常发生。一些谈判者会在对方还没有表现出过多兴趣时，就过多地暴露了自己的合作需求，在谈判一开始，就使双方处于一种不平等的谈判关系中。比如，你去健身房咨询健身服务时，一定会遇到急切地向你推销办卡的业务员，他们会早早地向你透露各种优惠活动，甚至提起可以为你申请特别的优惠。但这种做法非但没有效果，反而暴露了他们拿下顾客的强烈渴求，甚至会形成一种"对方越渴求，你反而越抗拒"的微妙关系。

相反地，有经验的谈判者为了占据有利的主动地位，会想尽办法勾起对方对于合作的强烈愿望。比如，在大型企业的商务谈判中，谈判高手会想尽办法美化前景，夸大版图，伺机抛出"下一份订单""双方共建联合体""开拓未来潜在合作机会"等诱饵，提高对方对合作的期望值。而一旦对方释放出极度希望达成合作的信号，谈判高手便会趁机压低价格，蚕食对方的利益空间。

因此，在谈判中适度隐藏需求，本质上可以保护自己，使双方处于相对平等的对话关系，以免自己的筹码或是软肋被对手所掌握和利用。

那么，在谈判中，应该如何隐藏需求，既避免自己陷入被动，又不影响到谈判进程呢？

这里分享三种方法，供大家尝试。

方法 1：冷开局

在你是供应方、对方是需求方的谈判情境中，这种方法尤为适用。此时，双方正处于接洽询问的阶段，还没有正式确定合作，对方只是你的潜在客户而已，并且他不是只有你这一个选项。如果你能够表现出恰当的冷静和自制，会非常有助于双方之间保持平等的对话。

初次接洽时，我们不妨用"我不确定……""先为您介绍一下……""若有需要，我们详细沟通"这三个句式来进行开场陈述。

回到前文的案例中，小李可以如法炮制，用这三个句式进行开场陈述：

"刘总，我不确定我们的产品是否刚好满足贵公司的需求。"

"我这次来，主要是先为您详细介绍一下我们公司的产品，方便您看一下我们的产品对贵公司的业务能够提供哪些支持。"

"如果您有任何疑问，或者有任何需要，我们随时可以停下来详细沟通。"

如果以这三句谈判开场，双方将确立一个平等对话的姿态，并通过各取所需的形式来判断是否需要合作。

方法 2：利用"最后通牒效应"

"最后通牒"是我们在平常生活中经常使用的心理战术。在谈判中，"最后通牒效应"指的是眼看价格谈判快要失败时，一方通常为了能够达成最低底线的谈判结果，会放弃一些筹码。

记得有一次和家人外出度假，我的太太在景区看中一条丝巾。我心里清楚，景区做的都是一次性生意，喜欢以最高的价格来成交。如果我想以较低的价格买下这条丝巾，就要做到两点：一是对这条丝巾表现出"可有可无"的态度，让对方无法利用我的渴求来设置苛刻的价格条件；二是激发对方的最后通牒心理，即表现出对这条丝巾还算满意，但很遗憾因为价格原因准备放弃购买的意思。那么，相比完全失去眼前这单生意，对于卖方来说，少赚点钱可能是更好的选择，作为买方的我自然也会以更低的价格买到这条丝巾。

方法 3：用隐藏需求来转移对方注意力

在谈判中，通常我们的渴求越强烈，情绪也会越高涨，甚至声调和肢体动作也会出现明显的变化。这些细节一旦被对方捕捉到，就会被其所利用，容易导致我们处于劣势。这种情况下，适当地转移对方的注意力，隐藏自己的需求，就非常有必要了。

这个时候转移对方注意力的最好办法就是不断发问，引导对方多关注自己应该如何作答，而非你的状态。比如，你可以问，"您是否方便向我们介绍下贵公司的业务呢？也许我们可以从中考虑下怎么加深合作。""你期望的价格是多少呢？""您这边眼下为什么这样规划呢？"面对你的不断发问，对手往往无暇顾及如何深挖你的软肋，而是要忙于思考如何回答你的问题。这样就可以将你的真实需求暂时地隐藏起来，而不是第一时间暴露给谈判对手。

谈判是一场筹码运用的暗战，过度暴露自己的需求，只会给对方提供更多的可乘之机。在谈判中，为了维持平等的对话关系，我们需要学会适度地隐藏自己的需求，以免自己的筹码被对手所掌握和利用。

【谈判加油站】 ｜ 适度隐藏自己真实需求的三种方法：

冷开局，构建平等谈判关系

> "我不确定……""先为您介绍一下……"
> "若有需要，我们详细沟通"

最后通牒，让对方放弃一些筹码

> 表现出可有可无的态度，让对方无法
> 利用你的渴求设置苛刻条件

隐藏需求，转移对方注意力

> 不断发问，引导对方多关注自己应该
> 如何作答，而非你的状态

【谈判训练营】 回想一下，你在购物过程中，是否有过因为过早暴露自己对商品的喜欢，而导致自己在价格谈判上陷入被动的经历？如果有，下一次你准备如何做？

07 正确聆听和反馈：
拒绝做话题终结者

美国主持人林克莱特在一次节目中，访问了一名想成为飞行员的小朋友。林克莱特问："如果你的飞机飞到一半没油了，你会怎么办？"小朋友想了想，回答道："我会让乘客绑好安全带，然后我挂上降落伞跳下去。"现场观众听到这句回答后，笑得东倒西歪。

看到所有人都在笑，孩子却忽然大哭起来。林克莱特问他怎么了，小朋友满脸眼泪地说："我只是去拿燃料，我还会回来的！"一瞬间，孩子的答案让现场所有人羞愧难当。

在无数沟通场景中，我们和上文的现场观众犯了同样的错误：在弄清事情原委之前，就妄下结论。尤其在谈判中，这种自以为是会使我们无法透彻地了解对方真实的想法，无法把握对方真实的感受，从而导致谈判失败。

要改变这一状况，就要从**正确聆听**和**正确反馈**开始。

所谓"正确聆听"，不是对你听到的一切提前做出判断，而是始终保持好奇心，去捕捉更多的信息。所谓"正确反馈"，不是复述你想听到的信息，而是向对方确认他想让你听到的信息。

想象一下下列场景：

你向朋友兴冲冲地推荐一部电影，却得到朋友"我觉得很一般啊，没兴趣"的反馈，你会不会很快就丧失了继续这个话题的兴趣？

你一心一意地跟同事沟通工作，却发现同事全程和你没有任何眼神交流，也没给你任何回应，你会不会失去和他一起共事的激情？

你在一次商务谈判中兴致勃勃地向对方阐述合作的前景，但对方木然的表情让你看不出任何的期待和赞成，你会不会怀疑对方没有合作的诚意？

你也许会发出疑问：

为什么这样的朋友总是成为聊天的话题终结者？

为什么这样的同事会让沟通变得十分尴尬？

为什么这样的谈判对象，会让你在推动谈判的过程中，觉得有心无力？

在现实生活的沟通场景中，普遍存在一种现象：人与人之间的交流越来越流于表面。讲话的一方，所说的内容空洞枯燥，言之无物；聆听的一方，左耳进右耳出，心不在焉。这种沟通交流的结果是双方在其中不会得到任何具有实际意义的信息。

通过上述场景，我们可以发现，讲话的一方之所以不愿意说下去，或许是因为聆听的一方没有正确地聆听与反馈。许多低效甚至无效的谈判，原因也是其中一方不会聆听，不会反馈。

实质上，聆听和反馈是一体的。在谈判中，如果你不擅长聆听，就不会知道该在何时以何种方式给出正确的反馈；如果你没有掌握反馈的技巧，再认真的聆听也会变得徒劳无功。

我们可以从下面两点，来理解聆听和反馈在谈判中的重要性：

其一，在对方讲话时，你如果不会正确聆听，就很有可能错过有效的信息，或是导致对方失去讲述的欲望，从而错失一些本该听到的信息。

其二，如果你不会反馈，不懂在聆听的过程中适时地抛出问题，进行充分沟通，就很有可能无法澄清双方之间出现的误解，或是无法在做决策前，尽可能地引导对方说出更多的参考信息。

那么，在正式的谈判中，要如何做到正确的聆听与反馈呢？

正确聆听的两个标准

（1）在神态和身体语言上尊重对方。

聆听对方讲话时，要保持专注、耐心的神态，不随意打断对方，并能和对方有自然的眼神交流，最好能让你的眼神停留在对方的双眼与嘴唇之间形成的三角区范围内。

（2）让好奇成为聆听的原动力，不要提前比较和判断。

很多人在聆听别人陈述时，内心都会不由自主地冒出一些声音：

"他怎么这么啰嗦，一直讲些毫无用处的信息。"

"他这么讲不就是在暗暗地指责我们吗？"

"他这个眼神，是不是在怀疑我们合作的诚意？"

之所以心里会出现这样的声音，是因为你提前做了情绪化的比较和判断，让自己进入了一种战斗状态。你表面上看起来波澜不惊，但内心其实已经沉陷在害怕、怀疑、排斥的情绪中。这就导致你很难在接下来的沟通中获得有效的信息，也很难再和对方进行平和的谈判。

正确的方法应该是让自己时刻保持单纯、善意的聆听，这是可以通过练习做到的。只要你学会放空情绪上的干扰，让好奇成为你聆听的原动力，而不是和对方在情绪上做无谓的拉扯，就会搜集到更多信息，寻找到更好的应对谈判的方案。

让自己保持一种好奇的聆听状态，最好的方式就是反馈。

正确反馈的三个技巧

（1）原话反馈。

当对方谈到比较关键的数据、原则、标准时，我们可以用原话反馈的方式，即重复对方所讲述的内容，继而向对方进行信息确认。

比如，你作为供应商，对方给你的报价是 50 万元，需要你在 3 个月内交货。对于这些非常关键的数据信息，你不需要添加任何修辞，可以直接原话反馈："我确认一下，您刚才提到的报价是 50 万元，交货周期是 3 个月，对吗？"

原话反馈比较适合去确认一些双方都很在乎的关键信息，比如数据、原则、标准等。但需要注意的是，不要在其他不适合的场景频繁使用原话反馈，否则会让人觉得你很不专业。

（2）请求阐释。

当对方的陈述内容涉及新的信息点，你可以适时对他所说的内容请求进一步阐释。

比如，你作为供应商，要和你的客户谈判，对方提到别的供应商提供的报价更低。你可以这样问他："请问对方提供的报价是多少呢？"或者更进一步询问："是否可以告知一下，他们的货款是多少，交货周期是多久？"也许竞争对手之所以报价更低，是因为在货款和交货周期上没有优势，你可以通过掌握更充分的信息争取到客户。

此外，当对方所表达的内容笼统、不清楚时，你也可以请求他进一步阐释。

比如，老板跟你说："小李，你这个工作做得糟透了！"如果你不清楚老板具体说的是哪方面糟透了，就可以请求他进一步阐释。你可以这样问老板："您的意思是说，这个工作我花的时间太长了，还是完成的质量不够好？"

在职场沟通中，很多时候你的猜测不一定是正确的，此时你就需要抛出问题进行确认，才会找到问题的真正所在。

运用请求阐释的反馈技巧，可以让你对新的信息点、疑问点，获得更多的解释。请求阐释的问题并不一定要精准，而是要将真正的关键信息引出来。

（3）总结确认。

在通过总结确认进行反馈时，不仅需要对对方所传递的内容做出总结，还要对对方的情绪做出确认。我们要照顾到对方的实时情绪，确保对方感受到被尊重。

一旦我们在沟通中捕捉到对方想要强调的情绪，最好的办法就是替他们表达出来。总结对方情绪的方式，可以是陈述句，也可以是疑问句。总结的开头可以运用"（这件事）看上去……""听起来……""似乎……"这样的句式。

切记不要运用"我刚才听到你说……"这样的句式，因为这个"我"字会让对方心生警觉，让对方觉得你关心的是自己，而不是他，这会让你必须为接下来所说的话负责，万一冒犯了对方，毫无疑问就是你的错。

但如果你的总结是中性陈述，一般情况下对方都会回应，而且对方不是简单地回复你"是"或"不是"，他们会告诉你更多的信息。如果他们不赞同你的总结，也没关系，因为你已经留下了回旋的余地。

来看一个生活中的实例，如果你和朋友要一起去逛街，出门前，你朋友穿了一条漂亮的裙子，在镜子面前反复地看了十几遍。此时，你观察到了她的情绪，如果你说一句"看上去你很喜欢这件裙子哦"，就会让她产生一种你很关注她的感觉。接下来，相信她会很愿意告诉你关于这条裙子的故事，如裙子在哪里买的，价格多少，等等。

这就是情绪总结的作用，它不仅能够给对方一种被尊重、被关注的感觉，也为对方提供了进一步解释自己的机会，来帮助我们获得更多的信息。

正确的聆听和反馈在谈判中是非常复杂的功课。正是聆听和反馈之间的循环运转，才让我们在谈判中不断获得新的信息，从而打破利益层面和道德层面的天然壁障。

【谈判加油站】 | 正确聆听和反馈，拒绝做话题终结者：

正确聆听

在神态和身体语言上尊重对方

保持好奇的状态

正确反馈

原话反馈：确认关键信息

请求阐释：新信息/表述不清之处

总结确认：对方传递的内容、情绪

【谈判训练营】

找一个人来跟你对话，你作为聆听者，请他帮你记录下你在聆听时的反应，看看你在聆听的过程中存在哪些问题，你是否能用上这节的方法，提升聆听技巧。

你也可以对照以下测试题，看看自己在聆听方面是否存在问题。

1. 在听别人说话时，你的眼神会四处游离吗？（　　）

A 几乎总是　B 经常　C 偶尔　D 很少　E 从来没有

2. 他人说话停顿时，你会立即插嘴吗？（　　）

A 几乎总是　B 经常　C 偶尔　D 很少　E 从来没有

3. 对于你不喜欢的话题，你会打断对方吗？（　　）

A 几乎总是　　B 经常　　C 偶尔　　D 很少　　E 从来没有

4. 你会催促对方加快速度，或者要求对方只讲重点吗？（　　）

A 几乎总是　　B 经常　　C 偶尔　　D 很少　　E 从来没有

5. 在和别人谈话时，你有摆弄自己的头发、领带、饰品或者看手机的习惯吗？（　　）

A 几乎总是　　B 经常　　C 偶尔　　D 很少　　E 从来没有

6. 在获得足够的信息之前，你会匆匆下结论吗？（　　）

A 几乎总是　　B 经常　　C 偶尔　　D 很少　　E 从来没有

7. 对于你听不懂的地方，你会要求对方解释清楚吗？（　　）

A 几乎总是　　B 经常　　C 偶尔　　D 很少　　E 从来没有

8. 你会为了节约时间，一边做自己的事情，一边听别人说话吗？（　　）

A 几乎总是　　B 经常　　C 偶尔　　D 很少　　E 从来没有

9. 当别人说话时，你的注意力会集中在对方的外表上吗？（　　）

A 几乎总是　　B 经常　　C 偶尔　　D 很少　　E 从来没有

10. 你在聆听时，会忽视对方的身体语言及语调吗？（　　）

A 几乎总是　　B 经常　　C 偶尔　　D 很少　　E 从来没有

如果你的答案集中在 A、B 两项，就说明你在聆听上存在比较大的问题；如果你只在个别问题上选择了 A 项或是 B 项，你只需要在对应的方面加以改变即可。

第三章

掌握谈判攻守技巧

如果你已为人父母，相信对于下面的情境，你一定会感同身受。

每一次陪 5 岁的儿子在小区花园玩耍时，总会在他和他同龄的小朋友们身上看到类似的行为：当他们看上了别人正在玩的滑梯或是跷跷板时，大多数孩子都会采取进攻的方式，把别的孩子推下去或是和对方撕扯；而当他们自己正在玩的玩具被别人盯上时，大多数孩子又表现出强烈的防守意识，紧紧地抱住玩具，绝不让步。在家长干涉之前，孩子们总是流露出进攻或防守的本能。

实际上，孩童时期表现出的这两种本能，在潜意识里会伴随我们每个人的一生。人类经常利用别人的脆弱和恐惧展开进攻，利用自己强大的力量展开防守。

在谈判中亦是如此，无论那些讳莫如深的"双赢"之说听上去多么诱人，都要记住谈判的真相：对手和你同样渴求获得更多的利益，且不会放过任何一次展开较量的机会。只有在进攻和防守方面多做一些准备，才会让你在谈判中减少犯错的可能。

那么要如何在谈判中进行斡旋博弈、进退攻守呢？本章将为你一一揭晓。

08 说服力的秘密：
大脑有三个指挥中心

中国有句俗话："对事不对人。"但从说服的角度来看，这个说法我并不完全赞同。每一件事情都不是孤立存在的，我们所做出的每一件事，都是基于自身思维模型，或者说是偏好与选择的结果。

因此，谈判中遇到的问题，归根到底，其实是人的问题。那么我们不得不认真思考这样一个主题：是什么在影响人的决策？

哈佛大学教授罗伯特·凯根在《变革为何这样难》这本书里，描述了这样一项医学研究：医生严厉告诫重症心脏病患者，若他再不戒烟、戒酒，将命不久矣。然而事实是，就算听到医生这样的告诫，大概只有七分之一的患者愿意去改变自己的生活习惯。

七分之一，这其实是一个让人感到震撼的数字。对于重症心脏病患者来说，抽烟喝酒只会加速死亡，但为什么仅仅只有七分之一的人愿意去改变？为什么大部分患者对于医生的警告无动于衷？

这其中的原因，其实和说服力的秘密密切相关。而要破解说服力的秘密，首先需要我们了解大脑的决策机制。

人们普遍认为大脑只有一个统一的指挥中心，但研究表明，大脑里面存在三个指挥中心：

（1）行为脑。

行为脑控制着我们最原始的反应。当我们受到外界刺激时，行为脑会命令我们做出反击或者回避的反应，让我们本能地进行自我保护。

设想一下，你正走在路上，突然有一条狗向你扑来，此时你是不是要么本能地躲避它，要么找个棍棒击退它？无论躲避还是击打，都是行为脑在支配你做出一瞬间的本能反应。

（2）情绪脑。

情绪脑控制着我们的情绪反应，兼具攻击性和防御性。当我们受到一些攻击性刺激时，情绪脑会使我们立即筑起防御的堡垒；而当我们感受到善意时，情绪脑就会使我们表现出友好的合作意识。

因此，当你在谈判中表现出不耐烦、尖锐对立甚至更为恶劣的情绪时，很可能就会激起对方情绪脑的敌对反应，使谈判进入情绪化的僵局。但是，当你表现出友好、温和、耐心的情绪时，对方的情绪脑也会被激发出同样的情绪，此时就营造出一种和谐的氛围，谈判双方更容易彼此理解和认同，极大地提高了谈判成功的概率。

（3）认知脑（理性脑）。

认知脑善于进行逻辑分析和抽象的思维活动，可以准确地帮我们找出信息中的逻辑关系，进而分析利害，为决策提供理性支持。但是认知脑也有一个不可避免的缺陷——介入思考较慢，通常比行为脑和情绪脑要滞后一些。

因此，在谈判中，当我们被情绪脑和行为脑支配时，正确的做法应该是暂停谈判，给自己一些时间让认知脑介入思考，以免一时冲动做出错误决策。这也正是有时我们会在谈判中对程序进行干预，让谈判双方适当休息一下的重要原因。

因为大脑有三个指挥中心，在谈判开始之前，不妨先试着列个清单，对自己要谈判的内容做个规划，思考一下，哪些内容可能会分别引起行为脑、情绪脑、认知脑的反应，如何利用大脑指挥中心的特点，去提高说服对方的概率。

回到上文医生劝说患者的案例，之所以仅有七分之一的患者会听从医嘱，是因为"吸烟喝酒会加速死亡"这一信息具有强烈的刺激性和威胁性，会立刻使患者的行为脑和情绪脑做出反应。可见，想要提高说服力，威胁性的语言难以起到积极的作用。

那么医生应该如何劝说，才能说服更多的患者接受他的观点呢？

我们可以根据大脑三个指挥中心的反应模式，来做个分析。

行为脑是不能被刺激的

行为脑极易受到刺激，类似"你会因为某个行为死掉"的死亡威胁，很容易引起对方的应激反抗。因此，医生在试图说服患者时，应该避免使用过激的语言。

而且，行为脑对环境的感知度很高，当它认为目前的环境不够安全时，就会产生抗拒性决策。比如，上述案例的发生地是医院，交谈双方的身份是医生和患者，医院这个地点和医生的身份都会释放出一些危险信号，为患者带来不安和抗拒的情绪。试想，如果交谈地点换成患者自己的家，或一间令人放松的咖啡厅，交谈双方的身份换成平等的朋友，这样一来，相对舒适的氛围就会减少对患者行为脑的刺激。

避免引起情绪脑的反抗，让双方产生情绪共鸣

每个人都不喜欢被别人反对，都喜欢得到别人的赞同和认可。在上述案例中，如果医生只是一味说教，没有给予患者情绪上的理解和共鸣，就很容易激发患者情绪脑的防御。相反，

如果医生用下面的方式，循循善诱地劝说患者，在情绪上和患者产生共鸣，效果可能就会大不一样。

比如，医生可以这样和患者沟通："让您忽然改掉一个持续多年的习惯，我知道这并不容易。在没有生病时，适当吸烟和饮酒其实对您的身体并不会产生太大的影响，有时还可以缓解情绪。但是目前这些习惯确实影响到了您的身体，而且这种影响会越来越大。相信无论是您自己还是您的家人，还有我，都会对您的身体状况感到非常担心。"

这种表达可以在患者心中引起一种良好的情绪反应：医生和家人都很关心我，如果我能尝试着改变一下不良的生活习惯，也许可以让大家少担心一些。

再者，医生可以用情境描绘的方式勾勒出患者向往的画面："如果戒掉不良的生活习惯，保护好身体，就可以和家人更长久、快乐地生活在一起……"

这种对未来幸福场景的描绘，也会给患者带来正向的情绪反馈，驱使患者戒掉不良习惯。

此外，需要注意的是情绪脑对于音量和音调也是非常敏感的。即使是不会说话的小宝宝，也能从父母说话的音调中判断出什么应该做，什么不应该做。当情绪脑接收到不信任、生气、责备等负面的音量和音调刺激时，就会产生不愉悦、害怕、消沉，甚至是排斥的情绪。

因此，在谈判中，谈判者一方面需要注意自己的音量和音调，尽力去展现出自己的亲和力；另一方面，可以运用对方的表达方式，去复述与对方价值观相关的词语和谈话内容，让对方感到被理解和被尊重，从而引发对方的良好情绪，提高说服概率。

利用认知脑，提升说服力

根据认知脑的特征，我们可以采取两种方法来提升说服力：

（1）摆出客观事实和数据。

根据认知脑喜欢逻辑分析的特点，运用客观存在的事实、数据来说服对方。

比如，从事实的角度讲，医生可以告诉重症心脏病患者：抽烟时吸入的尼古丁，喝酒时饮入的酒精，都会加速心脏运转，并使动脉变窄，从而很难使足够的血液进入心脏，而一旦心脏供血不足，对重症心脏病患者来说，可能有致命危险。

从数据的角度讲，医生可以使用一组数据向重症心脏病患者说明戒烟的好处。范德堡大学曾经对 8700 位受试者做过一项横跨 50 年的研究。研究发现：一旦开始戒烟，心脏病患者所承受的风险便会下降。停止吸烟后仅 20 分钟，心脏病患者的心率和血压就会下降到正常水平；停止吸烟 12 个小时后，心脏病患者血液中的一氧化碳水平很快就会稳定下来；停止吸烟大约一周后，患者的心脏病发作风险开始降低。

（2）给对方留出一段冷静期。

根据认知脑介入思考较慢的特性，主动为对方留出一些思考时间，让对方的认知脑发挥作用，做出你所期望的理性决策。

比如，医生在和患者沟通病情之前，可以提醒患者在听取诊断结果及医生的建议之后，先保持冷静，冷静之后，双方再开始沟通。在预估到患者可能会产生负面情绪的时候，医生为患者争取几秒的停顿，就可以为理性介入思考留出空间，帮助患者借助理性控制情绪。

在谈判中，提升说服力的秘诀正在于合理运用大脑的指挥中心。针对行为脑、情绪脑和认知脑，采取相应的技巧，就不愁说服不了对手了。

【谈判加油站】 | 大脑有三个指挥中心：

行为脑	避免不安全的环境和行为刺激
情绪脑	表达共鸣，描述愿景，营造有亲和力的氛围
认知脑	列出事实和数据，留出一段思考时间

【谈判训练营】 | 如果身边有重度肥胖的亲朋好友，出于关心，根据大脑三个指挥中心的特点，你打算如何去说服对方进行减肥，如何避免对方的行为脑和情绪脑产生负面反应，又如何调动起对方的认知脑？

09 化解对方攻势：
让步三原则和决策者策略

　　没有商量余地的谈判是不存在的，只要有谈判，势必会有让步。

　　从战术上看，让步就像防守，既不能放弃，也不能一让到底。要步步为营，借机观察对方的期待程度，一点一点找准让步的分寸，最终实现"以小换大"的谈判效果。

　　如何灵活掌握让步的章法和技巧，在变幻莫测的谈判中化解对方的进攻，从而让双方的力量在谈判中保持均衡，是我们这一节要探讨的主题。

　　马克是一家公司的行政负责人，最近因为业务规模急速扩张，公司需要搬迁到另外一间更宽敞的办公室。老板将搬家的任务交给马克，并要求他在有限的预算内，尽可能在一天之内全部搬完。马克盘点了一下这次搬迁的情况：公司共有500多名员工，要在一天之内完成搬家，时间紧，预算少，可谓是一个十分棘手的任务。

马克在网上经过一番搜索、比价，找到了一家性价比最高的搬家公司。对方表示可以满足在一天内全部搬完的要求，但前提是马克的公司必须在上午七点前打包好所有的东西，并且搬家公司只负责路上搬运，不负责将物品从楼下搬进新公司。考虑到搬迁时间紧迫，公司也可以为搬迁出人出力，马克答应了对方的要求。

接着，对方又提出：所有的贵重物品需要额外收取保险费用，否则，若在搬运途中有任何破损，搬家公司概不负责。想到电脑在搬运途中容易损坏，公司还有不少重要资料需要妥善搬运，马克又答应了对方的要求。

看马克答应得这么快，搬家公司继续提出：双方需要事前确定搬家物品的大致重量和体积，实际搬运中超重或超过体积的物品，搬家公司要额外收费。听到这里，马克开始感到不悦，他觉得对方的要求越来越多，自己一直都在退让。但不知道为什么，面对搬家公司的不断进攻，马克却无法化解。

在谈判中，有一个**让步贬值理论**，说的是：你所做出的让步在谈判中会被认为是理所应当的，并很快会被人忘记。对方不仅不会对你的让步心存感激，反而会得寸进尺。同样地，当对方做出爽快的让步之后，我们通常会认为对方刚才的让步没有价值，而一心想着进一步争取利益。

比如，你看上了一件衣服，对方开价200元，你砍价到150元，如果对方马上答应以150元的价格卖给你，此时你会怎么想？你会选择立马成交，还是继续砍价？相信大部分人的反应是："我是不是应该再砍低一点？我可能吃亏了，我要继续砍价。"

有人可能会提出疑问："那既然这样，我坚持不让步不就可以了？"

在解答这个问题之前，我们先来看一个具体的例子。美国一家汽车公司曾做过这样一次实验：该公司联合下属的2000家汽车经销商，发起了一场"不讨价还价"活动，即要求相同型号的汽车必须统一售价。汽车公司希望通过这种方式，把买车变得像去超市买东西一样，一口价成交。

但是，在这个活动开始后不久，经销商就扛不住了。实际上，在汽车这种高价格商品的购买过程中，还价的过程能够让消费者获得额外的满足感，而且对于消费者来说，通过谈判来降低价格，哪怕是一点点，也是一件值得炫耀的事情。因此，对于汽车经销商来说，统一售价，不让消费者还价是不可取的。

可见，在谈判中，让步的难题正在于我们既不能让步太快，也不能不让步。那么，究竟应该如何正确地做出让步呢？这就需要在谈判中运用两种策略。

策略一：坚守三个让步原则

（1）让步之后一定要向对方提出要求。

在谈判中，轻易地做出让步，会让对方觉得这件事对你来说并不重要，以至于让对方觉得自己还有更大的利益空间可以争取。因此，当你做出一次让步之后，一定要向对方提出一个要求，让对方觉得你的让步是有代价的。

那么，在让步之后应该如何向对方提出要求呢？我们可以使用"如果……那么……"的句式，即向对方提出："如果我在这个问题上做出让步，那么你能在哪些问题上给予我帮助呢？"

比如，在上文的搬家案例中，当搬家公司提出七点前要完成打包的要求时，马克也可以提出一个要求："如果我们可以在七点前打包好，那么你们可以帮忙把一些比较大件的物品从楼下搬进新公司吗？"而当对方要求马克购买保险时，马克也可以提出："如果我们为这次搬运承担保险费用的话，那么就请你们在搬运中，不再额外收取其他费用。"这样一来，搬家公司就很难在马克让步之后，再提出额外支付费用的要求了。

在谈判中，每做出一次让步之后，都要让对方兑现一个要求，这样才能让谈判双方的交换筹码基本等值。

（2）让步的幅度要逐级递减。

在通常情况下，谈判不会在一个来回之间就谈妥，我们需要在整个交涉过程中做出一系列让步。因此，第一次可以做比较大的让步，但之后每一次让步都要比上一次的幅度小，并能最终在我们预期的水平前止步。

比如，在上文买衣服的案例中，对方开价200元，你还价到150元，如果无法成交，对方可能会再退一步，愿意以190元的价格售卖，此时你也可以遵循同样的让步幅度，让步10块钱，还价到160元。如果依旧无法成交，接下来，对方可能会愿意再退一步，以180元售卖，那么你再次还价时，减少的金额必须少于10块钱，以此类推。这样做，可以让对方觉得你的让步在逐渐接近底线，如果他不做出让步，谈判就会破裂，这种紧迫感会让对方愿意根据你的让步做出调整，最终成交。

（3）小的问题让大步，大的问题让小步或是不让步。

在谈判前，我们需要明确哪些问题可以让步，哪些问题不能让步。

回到上文的搬家案例中，相比超出预算来说，提前一天打包好行李是比较小的问题。所以，对于七点前完成打包的时间要求，马克可以让步。但是对于额外收费的要求，马克不应该让步。

在小问题上适当做出牺牲，可以显示出自己的诚意，给对方带来满足感；在大问题和原则性问题上只能做小的让步，甚至不让步，才可以守住我们的底线。

但是，如果对方在某件事情上非常坚决地要求你做出让步，应该如何应对？这就涉及第二种让步策略。

策略二：提出更高权威决策者

运用提出更高权威决策者的策略，即将对方的说服焦点转移到一个更具权威的对象身上，从而增加对方的说服难度，帮助我们在谈判中守住更多的利益。

比如，在售楼处经常会有这样的场景：一位购房者看中了一套房子，但价格有些超出预算。当购房者询问销售员是否可以多给一些优惠时，销售员通常都会回复目前已经是最低价格了。但如果购房者此时对销售员说："这个价格超出了我们的预算，我现在不能做决定，我需要回家跟家人商量一下。"此时，购房者将让步的决定权从自己身上转移到更高决策者身上，销售员就不得不面临新的难题：从现在开始，自己不仅要说服眼前的购房者，还必须说服一个看不见的更高决策者，这就在无形中增加了说服的难度，让销售员产生买卖可能做不成的危机感，从而促使销售员在价格上做出让步。

在任何谈判中，都不能只考虑进攻而不考虑防守。换一个角度看，谈判其实是一种寻求让步方式的艺术。适时的小让步，既需要把握时机，也需要具备筹码交换的技巧。可以说，越能够控制自己让步程度的谈判者，最后越能得到对自己有利的谈判结果。

【谈判加油站】 | 两种防守策略：

策略1：坚守三个让步原则

让步之后，要向对方提出要求

让步的幅度要逐级递减

在小问题上让大步，
在大问题上让小步或是不让步

策略2：提出更高权威决策者

将对方的说服焦点转移到更高
权威决策者身上

【谈判训练营】 | 在职场上，如果有同事总是让你帮忙完成本不属于
你的工作，要如何运用防守策略去拒绝对方？

10 找到对方软肋：
捕捉"黑天鹅"信息

　　在人类社会的发展进程中，对人类社会产生重大影响的，通常都不是人类已知或可以预见的东西。"黑天鹅"的逻辑也正在于此：你所不知道的事情，比你所知道的事情可能更具有意义。

　　"黑天鹅"理论是美国风险分析师纳西姆·尼古拉斯·塔勒布在其畅销著作《随机漫步的傻瓜：发现市场和人生中的隐藏机遇》和《黑天鹅：如何应对不可预知的未来》中提出的，并风靡一时。"黑天鹅"，意指那些人们完全没有预料到，却最终发生并产生了重大影响的事情。

　　当然，"黑天鹅"只是一个比喻，在我们生存的世界中，许多无法想象和意想不到的事情，都变成了现实。股市会突然崩盘，美国地产泡沫会引发次贷危机，一场突如其来的大雪会使大半个中国的铁路陷入瘫痪……

谈判中的"黑天鹅"同样重要而诱人，值得我们利用所有的谈判技巧将其找出来，从而在谈判的关键时刻，四两拨千斤，扭转局势。

小姜最近看中了一套精装房，这套房的售价比市场价要低很多。不过另外一个买家也看上了这套房源。为了抢先买下房子，小姜主动提出，愿意在房东开出的售价基础上多拿出 5 万元来购房。然而没有想到的是，即使小姜提出了加价购买，房东依然选择将房子卖给另外一位买家。

后来，小姜经过询问才知道，原来房东最近急需用钱，另一个买家选择一次性付清全部房款，小姜虽然给出了更高的价格，但因为要申请贷款，付款周期较长，以至于错失了这次成交的机会。

事实上，小姜在这次买卖中忽视了一个重要的"黑天鹅"信息：一套精装房以低于市场价的价格抛售，本身就不合常理。如果小姜能对这个不合常理的信息足够重视，他就会发现，房东对于现金流的急需程度远远超过对价格的敏感程度。而只要提前抓住这个"黑天鹅"信息，小姜就可以把重点放在如何缩短付款周期上，从而拿下心仪的房子。

"黑天鹅"信息其实就是对方的软肋所在，也是谈判的最佳突破点。

捕获"黑天鹅"的特殊技巧在于，我们必须转换思维方式，把谈判从单一维度的对抗游戏，变成一个寻找**正面杠杆**、**负面杠杆**和**标准杠杆**的三维游戏。

在谈判中，我们需要找出对手想要获得什么，害怕失去什么，找出对手信仰什么样的标准和观念，继而在这些想法之上建立杠杆。所谓"杠杆"，即一种造成损失、保留收获的能力。

正面杠杆是基于诱惑的。只要你能为对方提供他所需要的东西，或是对方对你透露出了需求，如"我想要买你们的产品"，此时对方的需求就构成了他的软肋，你就拥有了可以诱惑他的正面杠杆。

负面杠杆是基于威胁的。只要你能让对方感受到如果不和你合作，就要面临损失，或是你对谈判对手说："如果你不尽快下单，我们就和其他商家签订合作协议……"你就拥有了威胁他的负面杠杆。通常情况下，负面杠杆的说服力比正面杠杆更强，会在说服他人的过程中产生奇效。

标准杠杆是基于对方的标准的。只要你能利用这一标准来撬动对方，就会达到自己想要的效果。无论对于工作还是生活，每个人心中都有一套设定好的处事准则，谈判对手通常会在这些标准之下思考和行动，因此，我们只要掌握了对方的标准，就掌握了撬动他的杠杆。

美国作家克里斯·沃斯在其著作《掌控谈话：解决问题的

关键技能》中，记述了谈判专家如何运用标准杠杆解决大型谈判难题的故事。在美国，每年都会有一些农民因为对农业政策不满，以在公共区域制造爆炸事件的方式抗议政府，这对当地的公共安全造成了极大的危害。面对这类事件，美国 FBI（联邦调查局）官员通常会派出谈判专家，与抗议者进行谈判。谈判专家在和抗议者交谈前，一般都会先尽可能快速地搜集信息，了解对方的宗教信仰和世界观，然后利用对方的信仰，即对方心中的一套标准去影响对方。

比如，如果抗议者是个基督徒，谈判专家就会指出：在公共场合实施爆炸的行为，和抗议者所信仰的基督教存在着重大的分歧。这会让抗议者对自己的行动产生动摇，因为没有人希望自己的行为违背自己的信仰。

由此可见，一些容易在谈判中被忽视的背景信息，甚至有可能成为撬动谈判的标准杠杆。因此，谈判过程中一定要善于利用三维杠杆来发掘"黑天鹅"信息。越早察觉"黑天鹅"信息，并做出应对，越有助于我们掌控谈判的过程，从而为谈判带来意想不到的结果。

【谈判加油站】 | 捕捉谈判中的"黑天鹅"信息：

明确对手想要获取什么，并以此诱惑对手。

正面
杠杆

利用对方的准则和标准，去说服对方。

标准
杠杆

让对方知晓如果失败会遭受的损失。

负面
杠杆

【谈判训练营】

小李正在努力签下自己的第一家大客户 A 公司。一次，A 公司的对接人在与小李闲聊时，透露出他在公司内部遇到了一些政治斗争，一位同级别的同事最近有可能会高升，并且抢下自己手头在谈的项目。眼看到了约定签合同的日期，小李忽然发现，之前对接的负责人没了消息，自己发过去的每一封邮件都石沉大海。

在上述案例中，请你思考一下其中的"黑天鹅"信息是什么，如何利用"黑天鹅"信息，预防其对于双方合作的影响。

11 促使对方让步：
一小步策略和黑白脸策略

　　成为父亲后，我遇到了一个意想不到的难题：我5岁的儿子不喜欢吃蔬菜。为了保证他的饮食健康，我开始想办法去说服他多吃蔬菜。对于这一难题，身边一些为人父母的朋友，为我提供了几种说服方法。

　　第一种：给孩子讲道理，告诉孩子蔬菜有很高的营养价值，但实际上，小孩子根本不在乎营养。

　　第二种：象征性地威胁孩子，告诫他如果不吃蔬菜，就会挨打。但这样做会引发孩子的抵触情绪，甚至导致家庭矛盾。

　　第三种：用诱惑的手段吸引孩子，比如告诉孩子"如果你吃完这些蔬菜，就可以得到自己想要的玩具"。但这意味着父母每次都需要付出一些利益才能达到目的，长此以往，只会助长孩子事事都要奖励的不良习惯。

　　面对天生就不愿意让步的孩子，既然这些传统的说服方法都有弊端，那还有没有更好的办法呢？在解决这一问题之前，我们先来看个实验。

心理学中有一个**进门槛效应**，意思是如果一个人接受了别人一个微不足道的要求，为了避免认知上的不协调，或是想给别人留下前后一致的印象，这个人就极有可能接受别人第二个更大的要求。

为了验证这个效应，美国社会心理学家弗里德曼做了一个对比实验。研究人员分别到两个居民区去，劝说人们在自家房前竖上一块写有"小心驾驶"的标语牌，用来提醒人们安全驾驶。在第一个居民区，他们直接向居民提出这个要求，仅有 17% 的人接受了。在第二个居民区，他们换了一个策略，先请求大家在一份赞成安全行驶的请愿书上签字，这很容易做到，几乎该区的所有居民都签字了。几周后，他们再向这些居民提出竖立标语牌的要求，结果 55% 的居民都接受了。

这个实验给我们的启发是：在谈判中，对那些容易引起对方抵触心理的要求，我们也许可以使用"**一小步策略**"，用一些微不足道的要求作为起点，一小步一小步地展开进攻，最终让对方接受我们的要求。

但在运用"一小步策略"时，也有一些注意事项：

（1）向对方提出自己的要求，要从对方可能答应的同类型小要求开始。

类似于上述竖立标语牌的案例，直接让居民花费精力制作一个标语牌，再竖立在自家房前，很多居民会觉得这件事太麻烦，因此更倾向于拒绝这个要求。但是如果先提出"在赞成安全行驶的请愿书上签字"这个比较简单的要求，就很容易获得居民同意。那么在面对接下来"竖立标语牌"这个复杂一点的要求时，人们为了维护自身"积极支持安全驾驶"的形象，就会产生一种"反正都已经帮了一次忙，再帮一次又何妨"的心理，从而更倾向于接受这个要求。

同样的策略我也运用在说服小朋友吃蔬菜的场景中。如果儿子不愿意直接吃蔬菜，我就试着在主食上淋上蔬菜汁，或是在孩子更喜欢的三明治中夹入一些蔬菜，抑或是用蔬菜和主食一起做成卡通造型的食物……诸如此类，运用小孩子更乐意尝试的方式，先让他尝到蔬菜的滋味，一旦他觉得并不难吃，我就可以尝试让他接受更多种蔬菜的吃法，从而一步步让他不再抗拒吃蔬菜。

（2）尽量给对方选择题，而不是判断题。

对于绝大部分人而言，做判断题时，要考虑的因素更多，而适当的选择空间可以让人们更容易做出决策。

比如，想要小朋友吃蔬菜，如果我直接问："要不要吃胡萝卜？"得到的答案很可能是"不要"。但如果我换一种方式问："你要吃胡萝卜还是吃西红柿呢？"这时候，小朋友就可能在两者之间选择一个相对不那么讨厌的选项。

再如，专业的汽车销售员都知道买车对于顾客来说，是一项重要的决策。因此，他们通常不会直接询问顾客："您买车吗？""您要买哪种车？"因为最开始顾客可能也不清楚自己要买什么类型的车。专业的销售员会从一些小问题开始提问："是要买两厢的车型，还是三厢的车型？""颜色是考虑白色还是红色？""预算在 20 万以内还是 20 万以上？"销售员提出一连串的小问题，让顾客通过做选择题的方式，一步步地了解什么样的车适合自己。销售员以此引导顾客做出决策，从而完成销售预期。

（3）每前进一小步，都需要适当停留。

在使用"一小步策略"时，不要急于提出新的条件，或者一次性提出多个条件。

在说服儿子吃蔬菜的过程中，当我试着让他吃下一种蔬菜后，我会适度停留一下，问他好不好吃。如果儿子回答"好吃"，那么我就会试着让孩子继续吃同类的蔬菜。但如果他回答"不好吃"，这时再让他继续吃的话，一般都会以他的抗拒告终。最好的办法是让他暂时不吃他不喜欢的蔬菜，同时引导性地询问他："如果胡萝卜不好吃的话，我觉得你可以试试生菜，生菜加上沙拉酱，特别好吃，你要不要试一下呢？"在儿子表现出不满意后，我就会停下来，变换一下蔬菜的吃法，变着花样让孩子尝试各种口味，不知不觉间他兴许就吃完了一盘蔬菜。

（4）提出要求时，尽量先从对方熟悉的内容开始。

人们习惯在接触到陌生的内容时，花费大量的时间去斟酌思考。相反，在面对熟悉的内容时，大部分人都能不假思索地做出决策。

比如，在说服小朋友吃蔬菜时，我会让他从自己喜欢吃的蔬菜开始，接下来再引导孩子去尝试其他蔬菜，这会比刚开始就让孩子尝试新的蔬菜更奏效。

在谈判中，想要让对方做出让步，除了运用"一小步策略"之外，我们还可以运用另外一种进攻策略：**"黑白脸策略"**，即由一人扮演黑脸，另一人扮演白脸，相互配合，完成进攻。

在警匪片中，警察审问嫌疑人时通常会使用"黑白脸策略"。当嫌疑人被带到警察局后，会先出场一个看起来很凶悍的警察，以各种威逼利诱的方法让嫌疑人坦白，但通常并不奏效。此时，第二个警察走进来，态度非常温和，甚至会走到嫌疑人身边，给他倒上一杯水，用家人和朋友般的语气开始和嫌疑人聊天，问他一些无关紧要的个人问题和家庭问题，然后一步步深入，最终攻破嫌疑人的心理防线。

同样的策略在教育孩子时也很常见。比如，在说服我儿子吃蔬菜的过程中，我和我太太有时会这样做——我先唱黑脸，告诫孩子："今天的蔬菜如果不吃完，周末就不允许你玩任天堂（任天堂是我儿子的至爱，但我只允许他每周玩3次，每次

10分钟）。"等孩子表现出抵触情绪时，我太太就抓住机会站出来唱白脸，温和地对孩子说："爸爸只是希望你今天把所有的蔬菜吃完，这样对你的身体比较好。不过可能爸爸太严肃了，让你感到不太好受，其实他好好说话的话，你是可以吃掉蔬菜的，对吗？让我们吃吃看吧，你可以先从不那么讨厌的蔬菜开始吃，好不好？"黑白脸配合，以黑脸为孩子瞄定一个让步的目标，以白脸缓解黑脸对孩子的冲击，再配合"一小步策略"，孩子就更容易完成"吃蔬菜"这一任务。

但如果谈判现场没有人能和你配合运用"黑白脸策略"，应该怎么办呢？此时，你可以虚拟一个不在场的黑脸，然后由自己来扮演白脸。

比如，当谈判陷入了僵持不下的局面，你可以向对方说："这次来洽谈之前，实际上，老板给我定下了一个必须要坚持的价格线。但是好在我对贵公司的业务有比较深入的了解，也许我可以尝试向老板申请降低报价，但这也需要你们能在接下来的合作中全力以赴。"把你的老板虚拟成一个黑脸角色，就可以通过"黑白脸策略"将对方与你拉到同一阵线上，让对方意识到，现在你们共同的敌人是你的老板，你是在帮对方解决难题，在这种情况下，对方就更可能接受你提出的要求。

值得提醒的是，使用"黑白脸策略"时，黑脸角色可以不在场，但是必须是一个真实存在的人物，并且这个人物在对方或者大家普遍的印象中，确实是符合黑脸角色的人设的。毕竟，一个真实存在的、更符合黑脸角色的人设会更有说服力。

　　所有谈判技巧的运用都需要符合当事人的利益，进攻策略亦是如此。在谈判过程中，无论是"一小步策略"，还是"黑白脸策略"，都应该在尊重对手的前提下运用。如果对手如你所愿做出了最大限度的让步，我们也要确保对方的利益能够获得必要的保证，只有这样，谈判才能真正达成。

【谈判加油站】 │ 谈判中的进攻策略：

策略 1：一小步策略

在提大要求前，先提一个
同类型的小要求

提要求时，给予对方选择题，
而非判断题

每提完一个小要求后，
要做适当停留

先从对方熟悉的内容开始
提让步要求

策略 2：黑白脸策略

黑脸既可由团队成员扮演，亦
可虚拟，但最好是真实存在的

【谈判训练营】

如果你现在要说服一个小朋友每天按时写作业，请
问你会如何运用"一小步策略"和"黑白脸策略"，
来达成你的说服目的？

12 巧用两种提问方法：
找出立场背后的真正利益

立场与利益，是谈判学中永恒的焦点，也是许多人在谈判中最容易混淆的问题。

关于立场和利益的不同，我们先来通过"开关窗"和"分橙子"这两个经典的故事来理解一下。

"开关窗"的故事讲的是：有两个人在图书馆吵架，其中一个人要求把窗户关上，另一个人则要求打开窗户。管理员在询问了双方的理由后，发现要关窗的人不想吹风，而要开窗的人却想呼吸新鲜空气。后来，管理员通过把隔壁房间的一扇窗户打开，避免了冷风直接灌进来，也促进了室内的空气流通，成功解决了两个人的分歧。

"分橙子"的故事讲的是：两个孩子为了争同一只橙子而争吵不休，妈妈在询问了两个孩子的理由后，发现一个孩子想要把果肉榨成果汁，另一个孩子却想要用橙皮来烤蛋糕。这位妈妈通过将橙皮和橙肉分开，化解了两个孩子的矛盾。

这两个故事说明：在现实生活中出现的绝大多数争吵和分歧，都是因为立场不同。只要两个人准备开始谈判，他们的共同利益一定多于矛盾和对立。

我的朋友老张是一家公司的产品部负责人，临近年底，产品部的业绩只完成了一半。为了增加新的收入，尽快完成部门业绩，在老张的主导下，产品部决定临时推出一款新产品。为了保证新产品顺利推向市场，老张找到人力资源部负责人莉莉，请她帮忙紧急招聘一批新的销售人员，来做新产品的推广。

莉莉与老张平时交情一般，在听完老张的需求后，莉莉给出的回复是：产品部今年的招聘指标已经用完。如果需要额外增加招聘指标，老张需要向公司请示。而人力资源部有标准的招聘流程，不能违规招聘，建议老张按流程先向公司提交招聘需求。

但问题在于，距离年底考核只剩下不到两个月的时间，对老张来说，如果新产品不能顺利推向市场，不仅会影响到整个部门的年终奖，而且作为负责人，老张说不定还要引咎辞职。在这种情况下，老张只能对莉莉一再强调这次招聘的特殊性，并请莉莉一定要帮忙招聘。但无论老张怎么请求，莉莉一直以"产品部不能破坏公司招聘流程，人力资源部不能超预算招聘"为由，拒绝招聘新员工。

实际上，无论是在跨部门沟通，还是在商务谈判中，很多时候，谈判不成功的原因往往不是我们跟对方无法达成一致，而是我们没有明确地理解对方真正的利益诉求。如果不了解对方真正的利益诉求，就无法找到双方利益的交叉点，当然也不可能说服对方。

在谈判开始前，我们必须要明确谈判中的一个重要概念：**利益不等于立场**，即对方所表现出来的立场，通常并不代表他所真正关心的利益。

回到老张的案例中，莉莉所表达的立场是她必须坚持按照公司的招聘制度办事，而这个立场给老张带来的感觉是：莉莉很固执，她不愿帮忙招聘的原因是担心破坏公司的制度。但这个立场，真的是莉莉背后的利益诉求吗？不一定。

一般情况下，利益和立场之间存在着两种神秘的关联：

（1）利益经常会隐藏在立场里。

在谈判中我们期望得到什么利益，有时候并不方便直接告诉对方，特别是在中国人的传统观念里，人们比较忌讳直接谈利益。

上文老张在陈述立场时，就不可避免地隐藏了自己真正的利益诉求。他自始至终都没有告诉莉莉，请她帮忙招聘的原因是自己不想在年底考核中不合格，从而影响整个部门的年终奖，以及个人的职业发展。同样地，莉莉也向老张隐藏了自己的利益诉求。她不会直接告诉老张，自己拒绝招聘的原因是不想让公司招聘预算超支，从而连累人力资源部以及自己的业绩考核。

（2）我们往往认为只有坚持自己的立场，才能保证自己的利益。

通常，谈判双方站在各自的角度上看问题，都会认为要想保证自己的利益，就必须坚持自己的立场。但如果双方坚持在各自的立场上讨价还价，不仅没有任何意义，也无法触动双方背后的真正利益，谈判自然会无法取得进展。

比如，老张认为人力资源部理应服务于其他部门，即便招聘指标用完了，产品部如果需要，莉莉也应该继续招聘。而莉莉则认为老张不能搞特殊，公司的制度不应该被破坏。两人都陷在各自的立场中，致使谈判陷入了僵局。

那要如何化解类似的谈判僵局呢？

面对僵局，正确的做法应该是通过两种提问方法，绕过立场，拨开迷雾，找到双方真正的利益所在。

1. 开放式提问

所谓"开放式提问"，即不能以"是"或者"否"来回答的问题。

常用的开放式提问有"是什么""为什么""什么时候""在哪里""怎么办"。

这些问题都不能简单地以"是"或者"否"来回答，对方在回答时，都会或多或少地透露出一些信息。因此，在不清楚对方所真正关心的利益时，不妨先试一下以开放式提问法，去获得更多对方所反馈的信息。

回到老张的案例中，面对当前的僵局，老张可以试着这样问莉莉："莉莉，我想了解一下，假设您帮我们再招聘一批销售人员的话，除了会破坏公司制度外，还会带来哪些后果？"

面对这个提问，莉莉可能会回答："在原有指标外再招聘，今年的预算就会超支。"

这时候，老张可以以开放式提问法，继续提问："哦，会让预算超支啊，那除了这个外，还可能会有其他后果吗？"

面对新的提问，莉莉可能会回答："公司的支出又要增加，人力资源部在年度考核中就会不合格。"

到了这一步，老张还可以再对莉莉展开开放式提问："还有其他后果吗？"

随着不断的询问，莉莉可能会回答："可能也会影响到我的年终奖。"

通过连续提出的开放式问题，老张不断地接近莉莉真正的利益所在。这就是开放式提问的妙处，它可以让我们离利益的真相近一步，再近一步，直到接近或准确地找到对方真正在乎的利益。

2. 封闭式提问

与"开放式提问"相对，所谓"封闭式提问"，即能以"是"或"否"来明确回答的问题。

这种提问的答案只有两种：肯定或者否定，对方只需要回答"是"或者"不是"，"对"或者"不对"即可。比如，你问一个人："你说的是这个意思吗？"这时候，他只能回答"是"或"不是"。

一般情况下，对于开放式提问搜集回来的信息，或是对于对方不太愿意回答的问题，我们都可以尝试通过封闭式提问来进行验证。

比如，在开放式提问中，莉莉因为和老张关系一般，未必愿意直接说明自己拒绝招聘的原因是担心影响自己的年终奖。此时，老张就可以使用封闭式提问："莉莉，现在您帮我们招聘的话，除了您刚才讲的，会让公司招聘超出预算，影响你们部门的年度考核之外，我也想了解一下，是不是还会影响到您个人啊？我当然不希望这件事为你带来不好的影响。"

面对这个问题，莉莉就只能用"是"或者"不是"来回答了。

找出莉莉真正的利益诉求后，老张还可以用封闭式提问，向莉莉验证自己提出的解决方案是否可行。比如，老张可以接着问："莉莉，如果我们新招一批员工，将新产品推上市场，增加公司收入，而且让收入超出公司支出的话，您是不是可以考虑帮我们招聘人员呢？"

　　在谈判中，需要时刻牢记立场不等于利益，在立场上的争论并不能真正地推动谈判。只有巧妙地运用开放式提问去获得更多信息，用封闭式提问去验证信息，交替使用两种提问方法，才能一步步接近对方立场背后真正的利益需求，进而找出关键和利害所在，实质性地推动谈判的进程。

【谈判加油站】 两种提问方式：找到对方的利益所在

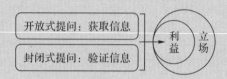

【谈判训练营】 假设你的房东突然要涨 50% 的房租，你要如何运用谈判技巧去发现涨租背后的真实原因？

13 解决利益冲突：
避免陷入"零和博弈"

据调查，通常在一场谈判中，谈判专家会比普通人多花一倍的时间去进行提问和反馈，因为谈判专家要在提出解决方案之前，花费更多的时间去储备信息、挖掘利益。但普通人却很少将时间花在提问和反馈上，一旦在谈判中遇到利益冲突，可能首先想到的是你输我赢、你多我少的**"零和博弈"**。

零和博弈的概念来自于博弈论，指双方在博弈中，一方的收益必然意味着另一方的损失，博弈双方的收益和损失相加总和永远为"零"，在零和博弈里双方不存在合作的可能。

但其实谈判很大一部分不是零和博弈。想要解决利益冲突，我们除了要考虑如何去分配价值，还要尽可能地去创造价值。也就是，不仅要考虑如何去分一个蛋糕，还要考虑如何把蛋糕做大。

最近，我公司里来了一位年轻同事小付，他刚跳槽到我们公司，需要在公司附近租一间房。经过一番寻找、对比，小付看中了一间位置合适的二手房。这间房的房东是个精明的老太太，开出的租金是每个月 3000 元，但小付的租房预算只有 2500 元，两人在价格上展开了几轮拉锯，一直没有谈妥。

谈判双方一旦开始在某一项核心利益上展开拉锯，反复纠缠，就很容易使谈判陷入僵局。

这种例子在商务谈判和日常生活中比比皆是。比如：你希望对方明天就交货，而供应商只愿意下周送货；你希望版权授权期能够长达三年，而对方只愿意授予你一年的使用时间；你希望房租再便宜点，房东却希望房租高一点……

这些两难的情景正反映出谈判中的一个难题：要想把蛋糕切分得让双方都满意，在很多情况下，似乎都是不太可能的事。如果我们只在一维的角度进行谈判，比如交货时间、授权期限、租金等，我们所面临的就只能是你多我少的"零和博弈"。

要想在谈判中突破"零和博弈"，就需要首先弄清楚双方的利益关系。谈判双方的利益关系有以下三种：

（1）冲突利益关系。

所谓冲突利益，即谈判双方只能共同分割固定的利益，一方多分，就必然会使另一方少分。这就如同下棋，一方赢必然会意味着另一方输。

比如，在上述的房租谈判案例中，如果按照2500元成交，房东必然会觉得小付占了便宜，而自己有些吃亏；如果按3000元成交，小付心里又会不舒服。此时，价格就是小付和房东之间的冲突利益。

如果在冲突利益上反复纠结，会使谈判很难达成共赢方案。即使最终勉强达成协议，也会造成一方因为利益被侵害而心有不甘的局面。

（2）共同利益关系。

所谓共同利益，是谈判双方在现有的利益分割之外，共同创造出来的新利益。共同利益潜藏在每一项谈判之中，需要谈判双方不断地挖掘信息，将它找出来。共同利益不仅是双方分割的一个蛋糕，更需要双方一起探讨如何把这个蛋糕做得更大。

比如，在职场中和老板谈涨薪时，老板通常会要求双方将注意力放在共同提升之后的业绩上。因为业绩提升了，公司会获取更多的利润，分配到员工个人身上的薪酬自然也随之上涨。其中，公司利润就是双方的共同利益。

在谈判中，不妨绕开核心利益，尽可能寻找到双方的共同利益来解决冲突。

（3）不同利益关系。

所谓不同利益，是谈判双方各自关注的可以交换的利益点。在每一场谈判中，可能都会存在一些利益是你所在乎而对方并不在乎的，或者有一些利益是对方在乎而对你却并不重要的。

谈判双方如果将这些利益进行交换，各取所需，也是解决利益冲突的一种方式。

比如，在和幼儿园的小朋友们一起吃水果蛋糕时，我的儿子不喜欢吃奶油，更喜欢吃水果，而其他的小朋友正好不喜欢吃水果，更喜欢吃奶油。他们通过协商，进行交换，每次吃蛋糕都能做到既不浪费，又皆大欢喜。

既然在谈判中存在多种利益关系，那么面对谈判僵局，我们就可以选择以不同的方式来解决冲突。

（1）在处理冲突利益时，要扩大选择范围。

一旦谈判因为某一个冲突利益无法达成一致而陷入僵局，我们就不应该继续在这个冲突利益上展开拉锯，而是要打开新的谈判空间。

比如，在上文小付租房的案例中，双方在价格这个冲突利益上很难达成一致，小付不妨换个角度来寻找新的谈判空间。小付可以对房东说："目前市场上也有和您这间房子差不多价格的房源，只是它们的家具普遍比较新。如果您要开价 3000 元的话，能不能帮我换几件新的家具呢？"此时，小付在价格之外，就提出了一个新的谈判维度。每当一个新的维度被抛出来，房东就要思考是应该在价格上让步，还是在这一新的维度上去满足小付？而小付只要把更多的选项抛出来，就有可能绕过冲突利益，为自己争取到更多的利益。

（2）在处理共同利益时，谈判双方要在现有利益的分割之外，创造出新的共同利益，提出新的解决方案。

比如，在与房东谈判的过程中，如果小付多和老太太聊一些生活上的信息，也许可以得知老太太有个孙子正在上高中，每天放学需要补习英语，老太太正为请辅导老师犯愁，小付正好因为新工作需要，也在学习英语。辅导别人学习英语，不仅可以检测小付的学习成果，也可以让自己学的英语学有所用，解决房东的难题，从而为谈判带来新的解决方案。此时，小付可以告诉房东："我可以每周抽两个晚上帮您孙子补习英语，房租能不能降到每个月 2500 元呢？我至少租您一年的房子，您孙子这一年都可以有一个免费的家教老师。您看成吗？"于是，小付就在学习英语这件事情上找到了双方的共同利益，利用这一共同利益，就有可能促使对方在冲突利益上做出一些让步。

（3）在处理不同利益时，可以用交换的方式，各取所需。

我们可以通过提问的方式来找到对方的关注点，然后用自己代价最小的方案进行交换。

通常在面试中，如果招聘方和面试者暂时在薪资待遇上没有达成一致，有经验的招聘方就会不断地向面试者发问："除了薪水，你还期望从我们这里获得什么呢？"面试者可能回答说："我期望能够得到一些培训的机会。"招聘方可能会继续问："除了培训之外你还期望能得到什么呢？"面试者可能继续回答："我期望能有稍微长一点的假期，能够每年有多点时间陪陪我的父母。"最后，招聘方可能会提出这样的解决方案："我们可能刚开始在待遇上无法满足你的薪资期望，但是我们可以给你系统的职业培训，同时如果你的年度目标完成得好，我们可以每年额外给你一周的年假，你觉得如何？"招聘方通过不断地提问，挖掘出面试者其他的利益关注点，于是用对于自己不太重要的利益，与面试者所关注的利益进行交换，面试者很可能在获得其他的补偿后，愿意做出让步。

在任何一场谈判中，谈判双方之间并不是只有你输我赢或你多我少的"零和博弈"。在解决冲突利益之外，双方之间还有共同利益、不同利益更值得去挖掘。因此，我们要善于划分出不同的利益形式，针对不同的利益采取不同的处理方案，避免在核心利益上展开拉锯，从而掌控谈判，更快地达成自己想要的结果。

【谈判加油站】 针对谈判中的三种利益，需要运用三种不同的解决方案：

针对冲突利益

> 扩大可谈判的选项范围，
> 不要在一个维度上纠结

针对共同利益

> 双方在现有利益的分割之外，
> 创造出新的共同利益

针对不同利益

> 以对自己不重要但对方很在乎
> 的利益，去与对方做交换

【谈判训练营】 假设因为租车公司的问题，你没有准时接到你需要接待的一位重要客户，请问你会如何运用不同的利益关系，针对补偿事宜去与租车公司谈判？

第四章

推动谈判达成共识

　　世界充满了不确定性，正如"金融大鳄"乔治·索罗斯所说："不确定性是人类事务的关键性特征。"在谈判中，双方互动的不确定会导致谈判出现以下变数：

　　双方在利益划分上互不相让，谈判进入僵局；

　　双方在谈判桌上出现对抗情绪，沟通发生争执；

　　双方在原有方案上难以达成共识，临时需要替代方案；

　　谈判一方在某些问题上犹豫不决，迟迟无法做出决策。

　　本章，我将运用最新的谈判理论，结合自己的谈判经验，帮助大家找出应对以上谈判困境的解决方法，教你在不确定的变动局势当中，掌握主动优势。

14 打破谈判僵局：
运用两种实用救场术

在谈判中，谈判双方会面临形形色色的僵局与困境。造成这些僵局的原因，既可能是谈判双方对于利益的期望不同，也可能是在某一问题的立场上存在分歧，甚至是由于谈判双方或其中一方出现了对抗情绪。

但出现僵局并不等于谈判破裂，只要找到原因，准确地探测到谈判当中的绊脚石，创造条件，就能找到破局之策。

小张是一个典型的"90后"，在一家互联网公司任职，因业务能力强，最近刚从一名技术专员升任为产品总监，负责开发公司新的产品线。出任产品总监后，小张考虑到新招聘的员工在业务上很难快速上手，为了更快速、更高效地做出业绩，小张希望把原来同在技术部的同事阿明调到产品部，协助自己做产品开发。

阿明是公司技术部的老员工，工作经验丰富，业务能力靠谱，也深得技术部负责人老王的青睐。当小张向老王提出请求，希望阿明能够加入产品部时，小张的前领导老王心里甚感不快。在老王看来，一方面，阿明是技术部不可多得的骨干成员，若被小张挖走，势必会对技术部的工作产生影响；另一方面，小张作为自己的前下属，升职后的第一件事竟然是从自己手上挖人，这也让他非常难以接受。

尽管小张和老王进行了多次沟通，但每一次老王都以强硬的态度，直接拒绝了小张的请求，双方之间的谈判陷入僵局。

在这个案例中，谈判僵局呈现出以下两个特点：

（1）谈判僵局使双方进入到一种拉锯的状态。

谈判双方就某个关键问题产生了分歧，就如同双方共同走到了一个分岔路口，却各执一词，对于选择走哪条路没有达成一致。

在案例中，小张和老王就在阿明的去留问题上进行了拉锯：小张想要人，老王却不放人。

（2）谈判僵局并不涉及原则性问题，尚有可沟通的空间。

通常情况下，谈判双方产生分歧，并不会触及原则性的问题。如果双方的分歧源自原则性问题，谈判双方势必都不会做出任何的妥协或让步，也就意味着谈判的终止。所以，大部分谈判僵局都存在着可以协商和沟通的空间，如果谈判一方可以提出新的解决方案，那么谈判就有继续进行下去的可能。

在案例中，从公司层面来看，小张和老王之间的分歧尚有可解决的空间，因为两人同在一家公司，双方之间存在着共同的利益关系。

小张和老王之间之所以会产生分歧，导致双方的谈判陷入僵局，无外乎两个原因：

（1）双方之间存在利益分歧。

在上述案例中，小张或老王之中的任何一方得到阿明，都会对对方的部门利益造成一定影响。很明显阿明是一个利益点，阿明所在的部门，技术实力就会明显更强，从而获得更多的利益。利益分歧是谈判中最常见的分歧。最直接的利益分歧场景是在价格谈判中，无论是上百万元、上千万元的商务合同谈判，还是与街头商贩几块钱的讨价还价，谈成与谈不成的关键，实则都是利益分配的问题。

（2）双方之间存在情绪对抗。

在谈判中，如果其中一方引起了另一方的反感情绪，或者谈判双方明显带有负面情绪，都会波及谈判进程，导致心有芥蒂、互相对抗的僵局出现。

老王不肯放人的原因很大一部分在于小张从自己的下属变成了自己的平级之后，第一件事竟然是从自己手上挖人，老王因此对小张产生了明显的抵触情绪。

因情绪对抗导致的谈判僵局，在生活中比比皆是。比如，在购物时，顾客看中了一件商品，但在得知价格远远超出自己的预算之后，很容易对商家脱口而出："这价格太高了吧，你简直是漫天要价！"听到这句话之后，本来态度很好的商家很可能会立刻反击，说道："我这东西质量这么好，难道要我白送给你？买不起就不要买！"

买卖双方的情绪处理不当便会导致原本正常的讨价还价变成互不相让的情绪对抗，使谈判陷入僵局。

那么，面对由利益分歧和情绪对抗这两种原因导致的谈判僵局，有哪些方法可以化解呢？

针对利益分歧导致的僵局

（1）尽可能找到双方的共同利益。

具体的做法是：在谈判陷入僵局、无法继续进展时，双方先将利益分歧暂时搁置，去寻找双方之间的利益交叉点。只要双方意识到彼此之间存在利益共同点，就有可能重新获得谈判动力，赢得扭转谈判僵局的机会。

在前文案例中，小张和老王可以站在公司的角度，共同讨论技术部和产品部的人才合作制度，两个部门之间可以实施人才交流和轮岗机制，保持经常性的沟通。

比如，老王不妨允许阿明为小张的产品部提供一定程度的技术指导，但条件是小张要为老王的技术部提供一定程度的产品研发培训，双方共同致力于将团队业务做大。如果双方能够在这些问题上达成共识，那么关于人员调用的问题就能迎刃而解了。

（2）借助多人背书的方式打破僵局。

所谓借助多人背书的方式，是指在谈判中，一方为自己争取到更多的支持者。尤其在多方谈判中，来自其他人的背书会让你更容易达成说服的目的。

心理学研究发现，在情况不明的环境中，个体更容易受到群体的影响，去怀疑甚至是改变自己的判断、观点和行为，趋向于和他人保持一致，即我们常说的"从众效应"。

比如，在平时的会议中，如果一个人提出的建议获得了超过半数人的支持，那么这个建议就有很大的概率成为所有参会者的共识。因此，在谈判前花点时间建立你的"赞同者联盟"，会让你提出的条件更容易被对方接受。

回到小张的案例，如果小张和老王在谈判前，先争取到其他同事的支持——这个同事在职位和声望上最好具备一定的话语权，并能够参与到谈判中来，那么小张在这次谈判中就会多几分胜算。

针对情绪对抗导致的僵局

可以采取暂时中断谈判进程的救场方法，给双方一个冷静期，让双方走出当下的情绪，去尝试另外一种处理方式。

值得注意的是，在冷静之后，双方不应该忽略之前情绪对抗的事实，而是应该打好情感牌，在情绪或态度上给予对方足够的尊重和感谢，只有这样，双方曾经的情绪对抗才不至于延续，以至于影响到下一次的谈判。

在上文的案例中，面对老王的抵触情绪，小张不必急于让老王在短时间内做出决定，而是应该给予对方足够的思考时间。在此期间，小张可以不断引导老王意识到二人之间存在着友好的情感联系，为双方就人员调动一事留下协商的空间。

另外，小张也可以寻找契机，对老王表现出充分尊重和感恩的态度，重视老王在情绪上的需求。比如，小张可以这样对老王说："王总，您是我的老领导，如果没有您的栽培，我也没办法成长这么快。我跟了您这么多年，不管是工作上还是情感上，我一直都很依赖您。每当遇到难题，我第一个想到的人就是您，但凡您在工作上有什么需要，我也会第一时间站出来提供支持。只是，我现在刚开始独立负责一个新的部门，在工作经验、团队搭建上都需要您的帮助，我真的很想请老领导为我提供一些人才支持，帮我度过这段困难时期。"

以上这段话，不仅可以给予老王充分的尊重，为双方创造新的谈话空间，也可以让老王放下对抗情绪，重新启动双方的对话程序。

在谈判过程中，双方由于利益分歧和情绪对抗而陷入僵局是无法避免的事，采用何种救场方法去处理僵局，会直接影响到谈判结果。针对双方产生分歧的僵局，就要想方设法地创造条件，让双方在共同利益上重新接近；针对情绪对抗的僵局，就要巧用冷静期和话术，让对方感到自己是被尊重的，重新启动对话。只有这样，才有可能真正打破僵局，达成令双方都满意的双赢协议。

【谈判加油站】 │ 化解谈判僵局的方法：

针对利益分歧导致的僵局

> 步骤1：尽力寻找到双方的共同利益

> 步骤2：借助多人背书的方式打破僵局

针对情绪对抗导致的僵局

> 步骤1：暂时中断谈判，给予冷静期

> 步骤2：向对方表达尊重和感谢

【谈判训练营】

假设你在一条狭窄的道路上开车，你先进入道路，正好对面一辆车也行驶过来，你们在道路上僵持不下。5 分钟之后，对方司机怒气冲冲地来找你谈判，请问此时你要如何救场，打破僵局？

15 保证沟通品质：
让谈判从情绪回到事实

经济学里通常将人假设为"理性人"，认为人在谈判中纯粹是由利益驱动的，只要解决好利益分配问题，人们便会做出理性的判断。事实上却并非如此，在很多谈判场景中，人的情绪是影响双方沟通品质和谈判结果的重要因素。

我有一位朋友——小陈，对工作认真负责，执行力也不错，但小陈在与同事沟通工作时，很容易急躁。他也知道自己的"急脾气"是影响自己晋升中层的关键因素。无论个人能力如何，作为一个管理者，首先必须具备的是良好的沟通协调能力。

前几天在公司会议上，小陈又因为和同事意见不同，大动肝火，与同事争吵起来。小陈指责同事："你做事不认真，净出现一些低级错误，浪费大家的时间。"同事也指责小陈："职位不高，脾气倒挺大……"

　　小陈的经历，让我想起一位朋友——炎炎。在孩子出生后，炎炎和婆婆经常会因为孩子的教育问题，一言不合就爆发争吵。婆婆指责炎炎："教育孩子的时候脾气太躁，不心疼孩子……"炎炎埋怨婆婆："小题大做，把孩子宠坏，还在家里宣传各种老观念……"

　　可见，无论在职场中，还是在生活中，处处都存在着"一言不合就吵架"的沟通问题。但仔细分析一下，无论是职场中同事间的相互指责，与客户之间的拉锯争执，还是在生活中男女朋友之间的争吵，父母与孩子的冲突……其实，都来源于同一个原因：沟通双方都在用非常情绪化的语言去"争"个没完，以至于"吵"个不休，甚至还愈演愈烈。

　　在这种由负面情绪引起的争吵中，如果没有"争"，也就避免了"吵"。双方根本没有为沟通留出一点理性思考的时间，反而针锋相对，步步紧逼，只要你指责我一句，我便立刻批评你一句，你的声音大一点，我的声音便会比你更大。

　　前文曾提到，人的大脑有三个指挥中心，它们一起控制着人的反应和行为。大脑的三个指挥中心里，有一个情绪脑，专门控制人的情绪反应，使人在受到外界的刺激时，会立即筑起防御堡垒，并传出马上向对方展开攻击的信号。另外一个指挥中心是认知脑，负责控制人的逻辑思维，帮助我们做出理性的决策。

在大脑构造上，因为认知脑位于大脑最外一层，情绪脑却比较靠近大脑深处，这就导致人在遇到外界刺激时，情绪脑会比认知脑提前几秒做出反应。这就意味着，当一件事情已经激起我们的情绪反应时，认知脑还需要几秒的时间才能介入思考。因此，我们在遭遇对方的言语刺激后，很难第一时间调动出理性思维，却很容易爆发情绪，致使双方出现争执。

为了确保沟通品质，将负面情绪对谈判的干扰降至最低，我们需要根据情绪脑和认知脑的工作规律，按照以下三步，逐渐把谈判者从情绪对抗拉回对事实的理性思考之中。

第一步：控制情绪，冷静一段时间

因为大脑调动理性的速度比调动情绪的速度慢，在谈判中，一旦有一方出现负面情绪，谈判者就必须尽可能地为双方争取停顿与冷静的时间，从而借助认知脑的介入，去控制情绪，重启理性思考。在负面情绪得到有效控制后，谈判双方就可以尝试让谈判重回正轨。

第二步：提醒愿景，回到最初目的

所谓提醒愿景，即将谈判双方的目光拉回到初始愿景上，回到双方期望通过谈判达成的最初目的。执行这一步骤时，谈判中的一方可以参考"我们今天坐在这里谈判是为了解决……，不是为了……"这一话术，提醒对方调整状态，回到最初的愿景，重新开始沟通。

比如，在上文婆媳就孩子教育问题发生争执的案例中，其中一方可以主动向另一方提出："我们今天是希望通过沟通解决孩子不能独立吃饭的问题，我们的目的肯定不是互相指责对方的教育方式，对吗？"

第三步：优化信息传递

经过以上两个步骤，重新回到对话桌上的谈判双方，通常情况下都能控制住自己的负面情绪了。为了确保沟通品质，还需要注意在谈判沟通中优化信息传递，即将"观点"和"事实"做出区分，只传递事实，不传递观点。

所谓"观点"，即谈判双方在对话中传递出的带有个人价值判断的信息。观点通常是一些形容词和带有主观倾向性的语句，比如"做事不认真""职位不高，脾气倒挺大""脾气太犟""小题大做"等，这些话语无疑会点燃负面情绪。

所谓"事实"，则是一种客观观察，不为个人的主观偏好所改变。比如，相对于"做事不认真"的观点表达，"你这次在工作上出现了 12 处数据错误，让其他同事花费了 2 个小时重新核对"则是事实陈述；再如"我们上个月从您公司购置了一台机器，在过去一个月的使用过程中，这台机器无故停摆过 4 次，我们想知道贵司如何看待和解决这个问题？"像这样通过数据的罗列，让对方认识到当务之急是去解决问题，双方要对事实问题进行谈判沟通，而非毫无意义的相互指责。

"观点"天生带有个人价值判断的倾向性，有时不仅无法准确地表达真正的意思，反而会火上浇油，引起对方的误解，还有可能造成对抗的局面。如果针对"事实"来表达诉求，就可以清晰地呈现自己真正的意思，让对方准确地接受信息和传递信息。

要确保谈判的品质，必须遵循"就事论事"的原则，避免使谈判停留在情绪和观点的无谓之争中。

通过控制情绪、提醒愿景、优化信息传递这三个步骤，可以帮助谈判双方认清事实的真相，把握谈判的航线，不被情绪和观点带偏，从而确保沟通品质。

【谈判加油站】 | 保证沟通品质的三个步骤：

步骤1：控制情绪，冷静一段时间

> 负面情绪出现时，为理性介入留出空间，借助理性控制情绪

步骤2：提醒愿景，回到最初目的

> 提醒愿景话术："我们今天是为了解决……，不是为了……"

步骤3：优化信息传递

> 围绕着事实进行讨论，只传递事实，不传递观点

【谈判训练营】

假设今天你要代表公司去和一个重要的供应商洽谈，但是你因为路上堵车迟到了半个小时，供应商认为你十分不尊重他们，并在见到你后当面要求终止和你之间的洽谈，提出除非由你的老板出面洽谈，否则将暂停这场合作。面对这种情况，你该如何处理？

16 设定替代方案：
定位谈判的底线

在很多电影中，都会出现这样的情节：每当一项重要的拯救计划无法执行或者进入死胡同时，主角们往往会使用B计划，确保拯救任务顺利完成。

在谈判中，为了防备预期中的A计划无法继续往下推进，我们也需要提前准备好B计划，为谈判的各种结果做出替代方案，确保我们的核心需求得到满足。

实际上，在日常生活中，大部分人都有为自己准备替代方案的习惯。

比如，你需要购买一辆二手车，之前已在网上看中一款，但价格稍微有些超出预算。在这种情况下，你很可能在下单之前去浏览其他二手车交易网站，或是去询问身边的朋友，寻找同款的二手车，抑或是考虑再等上一段时间，等着这款车降价……这些举动，便是你在为购车这一核心需求寻找替代方案。

每列出一个新的选项，就意味着增加了一个替代方案。

　　"替代方案"的概念最早是由两位哈佛大学的教授——罗杰·费希尔和威廉·尤里提出的。通俗地来说，"替代方案"是在当前交易无法实现的情况下，当事人可能采取的其他选择。

　　在谈判中，替代方案虽然是一种备用选择，却发挥着两种至关重要的作用：

　　（1）替代方案可以定位谈判底线。

　　一般情况下，在准备替代方案时，我们可以不断探测自己在谈判中能够接受的底线。一旦确定谈判底线，我们就可以在谈判中保持一个清醒的头脑，从而决定在谈判中可以接受哪些条件，坚决不接受哪些条件，以及何时退场终止谈判，等等。

　　（2）替代方案可以确定我们在谈判中的地位。

　　当你手中掌握着一个非常不错的替代方案时，表明你在本次谈判中具有一定的优势，从而促使你在谈判中更有底气、更强势地去捍卫自己的利益。相反，当你手中没有替代方案或者只有一个不太理想的替代方案时，就意味着你在谈判中处于劣势地位，你很可能在谈判中信心不足，以至于不断妥协，输掉整场谈判。

　　既然替代方案对谈判有如此重要的作用，那么就必须认真准备和确定替代方案。

根据我个人的谈判经验来看，准备和确定替代方案，可以从以下三步着手。

第一步：列出能够想到的全部替代方案

在谈判前，要提前设想：如果谈判失败或者陷入两难境地，我们都有哪些替代方案。在进行这一步的设想时，可以先不去思考替代方案是否合理，而是将能够想到的替代方案全部列出来。

比如，在长时间无偿加班之后，你打算向上司提出加薪要求。在向上司提出加薪要求之前，你应该考虑：如果被上司拒绝，自己面临的选择还有哪些。

它们可能是：

（1）自己主动作罢，继续无偿加班；

（2）你向上司提出自己以后也不再加班；

（3）你会辞职，去寻找另外一份工作；

（4）你会向相关机构投诉，要求公司按照相关加班制度支付自己应得的薪水。

第二步：评估并改善，让替代方案变成可行性方案

针对第一步列出的所有替代方案，评估这些替代方案是否可行，并对其进行改善，让替代方案变成可行性方案。

继续以上文的加薪谈判为例，在列出以上四种替代方案后，

你需要评估一下哪些替代方案具备可行性，哪些替代方案操作难度太大，不存在可行性。针对不具有可行性的替代方案，既可以删除掉，也可以将其改善成具备可行性的替代方案。

比如，上文第四个替代方案——"向相关机构投诉，要求公司按照相关加班制度支付自己应得的薪水"，操作难度相对较大，因为相关机构很难去评估你在工作上的付出应得多少薪水。此时，你可以通过降低操作难度，将这一条改成"要求公司补发以前的加班费，否则就向相关机构投诉"。

第三步：从所有可行性替代方案中，选出一个最佳替代方案

当所有的替代方案经过完善都具备可行性之后，就需要从中确定出一个最佳替代方案，即"最佳备案"，以便在谈判目的没办法达成时，能够第一时间启用这一最佳备案。

最佳备案有三个特点：

（1）在交易成本上，最佳备案最优惠；

（2）在操作难度上，最佳备案具备最大的可行性，可以立刻实施；

（3）在谈判效果上，最佳备案可以对谈判产生最直接的积极影响，促进谈判朝着预期方向发展。

根据以上三个特点，对每一个替代方案进行衡量和评估，就可以找到最佳备案。

最佳备案相当于谈判中的衡量标准，如果你在谈判中达成的协议优于你的最佳备案，就应该接受当下的协议；反之，如果协议还没有最佳备案好，你就应该重新围绕着最佳备案去谈判，并且尽可能让对方接受你的最佳备案。

在使用最佳备案时，需要注意两点：

（1）最佳备案设定的选择，应与期望达成的谈判结果相近。

如果最佳备案与你原本的目的相差甚远，这个替代方案就很难帮助你取得相近的效果，便也不具备太大的意义了。

比如，你想在公司附近租一套房子，这样上班会方便一些。刚好你看中了一套房子，家具全新，房东要 5000 元的租金。你打算跟房东砍价，把价格降到 4000 元，因为周边小区平均租金就在 4000 元左右。但如果房东不同意降价，这时候该怎么办？

所以，你需要有个替代方案。比如，同小区还有另外一套房子，月租只有 4000 元，但是是没有家具的空房，这样即使现在的房东拒绝降租金，你也可以选择这套月租 4000 元的房子，这一替代方案正是你与现在房东谈判的底气。

（2）知己知彼，尽可能去了解对方的最佳备案。

在准备自己的最佳备案时，了解对手的最佳备案也十分重要，这可以帮助你在保证谈判不破裂的情况下，向对方争取更多的利益。

比如，假设你是公司的 HR，你事先已经知晓某位应聘者目前只拿到了一个月薪 2 万元的 offer，那么在其他因素（福利、待遇、未来机会等）都大致相同的情况下，你只需要向这位应聘者提供略高于 2 万元的月薪，就可以以最少的成本将应聘者收入麾下。

在谈判中，准备替代方案的思维本质上是一种通向自由选择的价值观。谈判中如果没有替代方案，就相当于没有多元选择，只能孤注一掷。只有当手中握有最佳备案时，我们才拥有了在谈判中自由选择的筹码，才拥有了衡量谈判结果的标尺，从而决定自己何时接受对方的提案，何时离场终止谈判。

【谈判加油站】

替代方案在谈判中有两种作用：
1. 定位谈判底线；
2. 确定自己在谈判中的地位。

找到最佳备案的三个步骤：

步骤1：列出可想到的全部替代方案

步骤2：评估并改善替代方案，使之变成可行性方案

步骤3：选出最佳备案 ——┬—— 要点1：应与期望达成的谈判结果相近

└—— 要点2：了解对方的最佳备案

【谈判训练营】

假设你们公司最近准备组织一场团建旅游，有三家旅行社给你们报价。其中第一家价格最低，但游玩项目很少；第二家价格很贵，但是品质很高；第三家价格便宜，品质也还不错，但是要额外收取导游费。如果让你从中选择一家去谈判，你会如何去谈？

17 促使对方做决策：
确保谈判取得成果

意大利著名经济学家维尔弗雷多·帕累托曾提出"二八法则"，他认为，在任何一组东西中，最重要的只占20%，其余80%尽管是多数，却是次要的。这个原则在谈判领域也同样适用。

具体而言，在谈判过程当中，双方所做出最重要的80%的让步，都是在最后20%的谈判时间内完成的，这直接表明了谈判最后阶段所运用的策略对于谈判结果具有至关重要的作用。

在谈判当中，如何加快谈判的决策过程，终结谈判双方的拉锯状态，是本节所探讨的主题。

让我们先来看一个案例。为了庆祝A公司成立10周年，采购部负责人指派采购员小刘为公司员工定制一批新工装，并要求新工装在元旦前必须全部到货。因为新工装需要按照公司要求定做，采购数量较大，质量要求较高，时间也比较紧，小刘在快速查找并比对了多家供应商之后，发现合适的供应商只有 B 公司。但 B 公司的报价却比 A 公司的采购预算高出 5%。为了促使 B 公司在价格上做出一定程度的让步，小刘与 B 公司进行了多番讨价还价。

眼看距离元旦只剩下两周时间，B 公司仍旧不肯在价格上做出妥协，并一再强调因为时间紧，质量要求高，对生产线的挑战也很大，除了自己公司之外，市面上没有其他公司能够满足 A 公司的采购要求。经过严格的成本核算，目前的报价已是底线。

因为价格超过预算，小刘迟迟难以做出决策。在这种情况下，B 公司建议把工装布料换成质量略差，但性价比更高的布料，从而降低生产价格。但是考虑到更换布料可能会影响到工装穿着的舒适度，小刘不能私自做主，打算向领导进一步请示。

在小刘向领导请示前，B 公司再一次向小刘强调："请您一定要在两天之内给予我们确定的答复，告知是否按照我们最后的报价来订购。一旦过了时间，即使价格再高，也没有办法在元旦前完成所有工装的生产。与此同时，也有其他公司正在和我们接洽，如果其他公司先确定合作，那么我们可能无法再承接贵公司的订单了。"

面对 B 公司的一次次施压，小刘终于决定妥协，当即回复对方："我立刻回去和领导沟通，要么向领导争取提高本次采购预算，要么请领导批准更换本次工装的布料，麻烦您先为我们的订单预留一个排期。"

在这个案例中，B 公司分别使用了哪些策略，迫使小刘一步一步地做出让步呢？

策略 1：利用时间压力

在谈判中，"时间压力"是最为常见的一种谈判策略。通常情况下，往往是具有时间优势的一方会采取这一策略，通过不断强调时间的紧迫性，给另一方制造紧张气氛，迫使对方在时间的压力之下，做出有利于己方的决策。

具体而言，谈判的时间压力一般分为"任务完成时间"和"谈判时间"。如果一方面临着完成任务的时间压力，那么另一方就可以借此为自己创造优势，拿到有利的谈判条件。同样，如果谈判必须在限定的时间内完成，那么对方也会为了尽快完成谈判，做出一定程度的妥协和让步。

在使用时间上，"时间压力"策略更适合在谈判后期运用。即在谈判时间所剩不多时，让对方做出一些原本不愿意的让步，或是让对方在谈判中出现失误，从而使谈判局势有利于己方。

在上述采购工装的案例中，B 公司就很好地利用了 A 公司的时间压力，不断强调生产时间的紧迫性，从而使自己占据谈判的有利位置。当然，反过来，如果小刘能够抓住供应商的时间压力，或许也能扳回一局。

比如，小刘通过信息挖掘，发现 B 公司对接的业务员还未完成今年的业绩目标，在元旦之前拿下 A 公司的订单对他来说至关重要。这时，小刘就可以充分利用这个信息，给 B 公司的业务员施加时间压力。既然双方都有时间压力，那么彼此创造有利条件来帮助对方，才有可能达成双赢的局面。

策略 2：制造短缺效应

在谈判中，制造短缺效应，即谈判一方通过引入第三方竞争者，从而制造出合作机会的短缺效应，迫使对方迅速做出决策。

短缺效应类似于饥饿营销，经常被房地产售楼处运用。比如，在楼盘开盘时，将所有认筹的买家全部集中在封闭的空间内，通过摇号选房，销售人员飞快的语速，现场不断广播售出的房源数量和剩余的房源数量，制造出房源供不应求的短缺效应，致使买家产生强烈的紧迫感，快速做出购房决策。

在上文小刘采购的案例中，B 公司为小刘制造出了两个"短缺效应"。第一个"短缺"是多次向小刘表明自身产品的独特性和不可替代性，唯有自家公司能够满足 A 公司的采购要求；第二个"短缺"是，B 公司引入了一个第三方的竞争者，如果这家第三方公司抢先一步，B 公司便不会再承接 A 公司的订单。

面对 B 公司制造出的短缺效应，小刘就要去验证"短缺"的真实性，验证是否唯有 B 公司才能满足自己的采购需要，以及第三方竞争者是否真的存在。

如果这些客观因素是对方虚构的，不必戳破，只需要继续坚持自己的立场，等待对方不攻自破；如果这些客观因素是真实存在的，则需要拿出应对方案，如小刘可以表示，除了 B 公司，自己还在接洽其他公司，来制衡对方的"短缺效应"。

策略 3：抛出替代方案

通常情况下，谈判一方在确定现有条件始终无法促使双方达成共识后，才会考虑向对方抛出替代方案。替代方案虽然不能和原有方案产生同样的效用，却能够促使双方尽可能地接近原来的谈判目标，从而达成共识。

在本书第 16 节中已经讲到，在谈判前准备好替代方案，可以帮助我们更有底气地进行谈判，尽可能地实现最初的谈判目标。此外，替代方案还可以化解僵局，为双方创造新的谈判空间，通过替代方案与原有方案的对比，促使对方更快地做出决策。

比如，为了促使小刘快速地做出决策，B 公司也提出了"采用更换布料的方式来降低价格"的替代方案，而这个替代方案，也成为小刘申请公司做出最后决策的参考方案之一。

反过来，小刘也可以抛出自己的替代方案，将本次的订单拆解，让 B 公司和另外的供应商共同交付，从而迫使 B 公司为了单独拿下订单，在价格上做出让步。

策略 4：下达最后通牒

最后通牒是指谈判中的一方向另一方提出最后的交易条件，以此迫使对方做出让步。

最后通牒一般都需要谈判者以强硬的形象提出，一旦提出，既可能促成谈判，也可能直接中止谈判，因此不建议随便提出。只有在两种情况下，可以通过有技巧地下达最后通牒，保证谈判进行下去，并促使对方做出决策。

（1）你在谈判中具有明显的优势。

比如，在采购工装的案例中，供应商 B 公司知道小刘有时间上的压力，而自己有技术上的优势，这些是 B 公司可以使用最后通牒的前提。

（2）你手中握有对方急需的其他资源可以作为交换。

2006 年，沃尔玛公司向可口可乐公司发出通知，要求可口可乐公司改变原有的配送方式，先将饮料配送到沃尔玛配送中心，再由沃尔玛配送中心向各家沃尔玛分店送货。新的配送方式会大大增加可口可乐公司的配送成本，却对沃尔玛公司非常有利。

沃尔玛公司提出：如果可口可乐公司答应这个要求，沃尔玛公司将会向可口可乐公司增加一倍的运动饮料订单。否则，沃尔玛公司将会自己生产运动饮料，以此替代可口可乐的运动饮料。

在当时的情况下，沃尔玛作为全球最大的连锁超市，具有明显的谈判优势。对于可口可乐公司来说，改变配送方式虽然增加了成本，但比起失去沃尔玛这个拥有巨大流量的经销商来说，新的配送方式带来的成本损失不算什么。而且沃尔玛公司在下达最后通牒时，也附加了一个让步条件，即同时增加可口可乐公司的订单，这对可口可乐公司而言，也是一个极具诱惑力的交换条件。

谈判是一个审时度势、组合运用各种策略来说服对方的漫长过程。学会在谈判中利用一些技巧来缩短对方的决策时间，可以避免对方的犹豫不决为谈判带来的各种变数，从而提升谈判的效率，取得理想的谈判结果。

【谈判加油站】 | 促使对方加快决策的四种策略：

策略 1：利用时间压力

> 着重强调时间问题，
> 迫使对方尽快做出决策

策略 2：制造短缺效应

> 引入竞争者，让对方有紧迫感，
> 从而尽快做决策

策略 3：抛出替代方案

> 当前的谈判条件无法进行，
> 抛出替代方案来促成交易

策略 4：下达最后通牒

> 提出最后交易条件，
> 对方要么接受，要么终止谈判

【谈判训练营】 如果你是一家酒店的负责人，C 公司在你们酒店租用了一个中型会场举办年会，但在年会召开的前两天，政府部门要临时使用 C 公司向你们酒店预订的中型场地。此时，你们酒店只剩下一个大型场地可以供 C 公司使用，但需要 C 公司补上一定的差价。请问你如何运用本节中的策略，促使 C 公司接受你的提案？

第五章

避免谈判走入雷区

关于谈判的学习，除了要掌握正确的谈判方法提高胜算，还要有反面的谈判教训引以为鉴。因此，我总结了谈判之路上常见的两个雷区：

一是谈判达成之后，却遭对方反悔；

二是买卖不成带来双方关系的破裂。

本章，我将分享避开这两个谈判雷区的"逃生"方法。

18 确保对方履行承诺：
提高违约成本

　　在日常工作中，许多销售人员可能都曾遇到过这样的情形：原本兴高采烈地拿下一笔订单，第二天却接到对方要求退货的电话，竹篮打水一场空。谈判中最让人烦恼的事莫过于此。

　　成功往往是从认识到潜在的雷区开始的。如果一场谈判进展得比较顺利，谈成之后的关键，就是让对方履行承诺，避免谈好之后出现反悔的情况。之所以我会强调这一点，是因为关于做出承诺而后反悔的例子，在工作和生活中比比皆是。

　　小陈是杭州一个志愿者团队的组织者，这个志愿者团队会在每周六陪伴当地一家养老院的老人们到附近的公园散步、野餐。但小陈在组织活动时，总会遇到这样一个问题：活动开始前，志愿者们往往积极报名，但活动当天，差不多一半的报名者临时因为各种各样的原因不能来参加活动，导致每次活动都出现了人手不足的问题。

志愿活动本身没有硬性的义务要求，且志愿者都是免费参与活动，不方便对他们采取强制措施。面对活动出现的问题，小陈感到非常烦恼。

类似的问题，在商业谈判中也会经常遇到：明明上一次谈判时，双方已经敲定了合同的价格，但是临到签订合同时，供应商却说价格要提升 10%；双方经过多轮磋商，终于要确定合作关系，却因为另一个竞争对手的介入，合作又被忽然叫停……

为什么人们在谈好之后，还是会出尔反尔呢？

仔细分析，就不难发现，在这些容易反悔的承诺里，其实存在着一些共性：

（1）反悔成本太低或者几乎没有成本。

如果我们在谈判中拿到的只是对方的口头承诺，对方没有任何违约成本，那么对方反悔的概率就会大大增加。

比如，购房者确定了购房意向后，如果不支付一定数量的购房定金，那么对于中介公司或者售楼处来说，购房者随时可以改变承诺，放弃购买，因为这种反悔不需要承担任何损失。

（2）缺乏法律约束力。

如果我们没有将谈判中所达成的共识以白纸黑字的、具有法律效力的合同形式落实下来，人们对自己做出的承诺普遍都不会太过重视。

比如，在外交谈判中，我们经常听到新闻报道，两国在某方面已经达成共识，但是并没有签署协议。在这种情况下，其中一个国家随时可以推翻这个共识，单方面地宣布违背共识的决定。

（3）缺乏第三方见证和舆论约束。

当人们许下承诺时，如果没有第三方的见证和外界舆论的约束，人们极有可能在私底下撕毁承诺，因为这样并不会对他们的道德和声誉造成公开影响。

比如，对于不少品牌方来说，一旦消费者投诉事件在社会上掀起比较广泛的影响，品牌方都会希望在媒体的见证下，与消费者心平气和地进行沟通，协商处理方案。品牌方这么做的目的，就是希望将双方的谈判结果公之于众，从而挽回自己的形象。

（4）机制中存在漏洞。

人通常都是有惰性的，当机制中没有强制履行承诺的措施时，很多人会非常容易放弃自己的承诺。

比如，新员工在入职时，会和企业签署劳务合同。合同上一般会明确规定员工可享受的权利，以及需履行的义务。但诸如"提高职业技能""遵守职业纪律和职业道德"之类的员工义务，因与职业考核没有硬性关联，也缺乏硬性机制来约束，大部分员工会忽视，甚至放弃履行这些义务。

在谈判中应该如何预防这些违反承诺的情况发生，让对方履行承诺呢？

不妨试试下面几个方法：

（1）设置或提高违反承诺的成本。

在谈判达成初步意向时，可以通过让对方支付一定的预付金或定金的方式，让对方承担一定的违约成本，这样可以明显提高对方履行承诺的概率。

生活中有许多类似的案例，比如在各大电商"双十一"促销前的一段时间，不少商家会推出先付定金、后付尾款的促销活动，美其名曰让消费者通过预付定金的方式确保当天能够抢到心仪的商品，但商家的真正目的在于通过预付金留住一批消费者，提高他们在"双十一"当天的反悔成本。

（2）通过合同协议的方式，将承诺落实到书面上。

谈判最理想的状态莫过于在达成意向后，立即签订合同，将谈判中达成的共识以书面的形式明确记录下来。合同是具有法律效力的，如果对方在签订合同后不履行承诺，可能得承担一定的经济损失及法律处罚。

1997 年，华尔街两大巨头添惠公司和摩根士丹利公司共同宣布，双方达成企业合并协议，并且在签订的合同中有一项附加条款：双方承诺，如果某一方反悔，就要支付给另一方 2.5 亿美元的违约金。通过签订合同，将双方的合作意向落实到法律协议上，当有一方想反悔，巨额赔付就会让其有所顾忌，使其不得不三思而后行。

尽管在一般情况下，法律合同中设定的惩罚成本，往往会低于合作的总体成本，但也一定不是对方能够轻易承担的数目，否则，这个违约条款就会失去约束力，达不到惩罚效果。

（3）通过一些公开的仪式对承诺进行加码。

我们常说，生活要有仪式感。商业活动同样需要仪式感。通过众多复杂的仪式，以公开讲话或媒体报道的方式，将双方的承诺对外公布，从而形成社会舆论的制约。

波士顿大学橄榄球明星道格·弗卢蒂同意与唐纳德·特朗普签订一份6年830万美元的天价合同，作为其为特朗普的球队效力的报酬。在双方还未正式签订书面合同前，道格·弗卢蒂的经纪公司——新泽西大众公司，就要求特朗普立即向新闻媒体宣布这件事，并且要求在见报时，弗卢蒂的名字要紧靠830万这个数字。这样做一方面可以彰显弗卢蒂的身价，另一方面对外公布双方达成协议的意向，通过让世人皆知的方式，使对方承担更多的反悔成本，确保协议的顺利执行。

（4）运用技巧来改变机制，提高反悔成本。

对于一些不适合设置违约成本、法律约束和公众约束的谈判情境，就需要我们另辟蹊径，通过设置一些小规则，增加反悔所要付出的代价。

在本节最开始讲的志愿活动的案例中，我为小陈提出的解决办法是：他可以在给志愿者们打电话确定其是否报名时，给每个报名的志愿者分配一个小小的附加任务——在活动当天协助准备一件活动用的关键物品，如有人负责准备药品，有人负责准备野餐的食物，有人则负责带水……事实证明，增加了一个小小的附加任务后，准时参加志愿活动的人数确实大大提升了。

这其中的原因就在于：一旦报名的志愿者有任务在身，他们就能意识到，自己的缺席会造成这次活动缺少一些必备物品，进而影响整个活动的正常进行。这一做法能巧妙地激发志愿者的责任感，并让志愿者感受到自己在团队中的重要性，从而提高其履行承诺的概率。

在谈判中，口头承诺的价值在开口的时候就已经没有了。如果你想确保对方履行承诺，最好的方式就是采用本节内容中的一种或者几种组合方法，增加对方的反悔成本。

【谈判加油站】 确保对方履行承诺的四个方法:

方法 1 | 设置或提高违反承诺的成本

方法 2 | 签订合同协议,将承诺落实到书面上

方法 3 | 对外公布双方的承诺,形成社会舆论的制约

方法 4 | 运用技巧来改变机制,提高对方反悔的成本

【谈判训练营】

假设你要去跟一个大客户确定合同价格,合同是按照之前谈好的折扣标价的,但去之前你和对方在电话里聊了一下,你从言语中听出了对方希望降价的意思。为了避免对方反悔,请问你会怎么做?

19 化解双方对抗关系：
买卖不成仁义在

　　和许多人一样，我小时候生病时，特别害怕打针。如今我做了父亲之后，却得带着儿子去打针。出于对这种恐惧心理的重视，我特意研究了孩子害怕打针的心理学机制。

　　实际上，小孩子害怕打针，是一种对于关系的误解。对于小孩子来说，打针的经历如同自己单枪匹马地在和大人及医生进行对抗。在这场对抗关系里，一边是孤立无援、生病的自己，另一边则是强迫自己打针的大人和医生，他们要么不理会自己哭天喊地的反抗，要么就会连哄带骗地对自己说："听话啊，不疼的，一下子就好了！"甚至还会责备自己："生病了还不配合打针，怎么这么不听话！"

　　我相信这种对抗关系对孩子的心理影响非常糟糕。孩子不仅感受不到一点自主权，还会因为被批评而产生反抗心理。后现代心理学家认为，当对抗关系产生时，健康的心理疗法是：

换个视角，重新调整对抗中的双方关系。

在上文的打针案例中，小孩子打针时，大人和医生不应该站在孩子的对立面，哄骗或者指责孩子，而是应该和孩子站在同一条战线上，共同面对疾病、对抗疾病。这样，双方冲突的焦点就会从人身上转移到疾病上，这种方法在心理学中被称为**"问题外化"**，即说明问题不在于人，而在于疾病。

医生如果了解这种"问题外化"的方法，可以选择直接和孩子对话。

医生问孩子："宝宝，你身体是不是不舒服呀？"

孩子回答："我不舒服。"

医生再问："能告诉我哪里不舒服吗？"

孩子说："我肚子疼。"

医生说："哦，你肚子疼呀，你这是生病了。宝宝，生病不是你的错，就好像有一只小怪兽钻进了你的肚子里，在里面捣乱，欺负你，让你不舒服，都是这只小怪兽的错。我们一起来打败这只小怪兽，好不好？"

医生这段话术背后的逻辑是：孩子没有错，问题出在疾病这只小怪兽身上，医生会帮助孩子一起打败小怪兽，而不是强迫孩子打针。这种话术能缓解孩子孤立无援的恐惧心理，让孩子收获"医生和我是同盟"的安全感，从而让孩子在面对打针时产生一种更积极的心理力量。治疗中对抗的双方不应该是医生与病人，而应该是人和疾病。

既然"问题外化"可以帮助我们重新调整对抗关系，让原本对抗的双方站在同一战线上共同面对困难，那么它对于谈判的价值就不言而喻了。

在谈判中，难免会发生冲突和对抗，尤其在遇到一些不可调和的矛盾时，谈判可能以崩盘、关系破裂的形式惨烈收场。但是，如果我们用"问题外化"的逻辑把人和问题分开来看，并以此去处理冲突关系的话，许多无法沟通的场面都会得到有效的改善。

我认识一家零售巨头公司的首席商品官，他亲自参与过100多场商务谈判，从未和供应商发生过冲突。即使是态度强硬、其他人都搞不定的供应商，只要遇到他，基本都能被他发展成合作伙伴。

他的诀窍是什么呢？下面为大家分析一下。

商务谈判中经常出现双方不能达成一致的情况，在商品采购方面，许多时候双方已经在产品数量、型号、交货周期上达成了共识，却在报价、议价的问题上谈不妥。比如，采购方只肯接受25万元的价格，但供应商却坚决要 30 万元，否则免谈。

很多人在这种情况下，都会将谈判带入相互责怪的氛围，双方都认为对方小家子气，斤斤计较，蚕食着自己的利益。然而，这种针对人的指责很容易让双方关系恶化，让谈判崩盘，甚至会影响到后续的合作。

但这位首席商品官就运用"问题外化"的方法来处理商务谈判中的冲突。既然采购合同经常会因为价格而谈不拢，他就会在谈判中告诉对方："我们在其他条件上都谈得非常好，双方对这次合作都很期待，而且合作一旦达成，给彼此都能带来非常大的价值。现在的问题是我们在价格上还没达成一致，您觉得要 30 万元，我们只能接受 25 万元。我觉得，价格谈不拢不是任何人的问题，双方都有自己合理的考虑。我们现在面临的唯一的问题，就是中间这个 5 万元的差价。那我们有没有可能一起来想想办法，解决这 5 万元差价的问题呢？"

这位首席商品官使用"问题外化"的话术，让谈判双方从"你多我少"的敌人立刻变成了谋求合作的朋友，双方共同的敌人只是"谈不拢的 5 万元差价"，不应该因为一个条件谈不成就责怪对方。只要想办法共同克服困难，即使最后谈判失败，问题也是出在困难上，而非人的身上，"买卖不成仁义在"，人际关系也可以继续维持。

在谈判过程中，难免会遇到双方因利益问题陷入对抗情绪的情况。此时，不妨试着将人和问题彻底分开，将对抗的谈判对手，转变为共同解决问题的谈判伙伴。

【谈判加油站】 │ 化解谈判中双方的对抗关系：

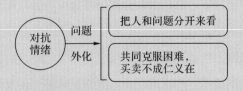

【谈判训练营】 在跨部门合作中，你是否有过和同事互相指责，最后不欢而散的经历？如果有的话，试着用这节学到的方法，去和同事修复一下关系吧。

第六章

说服协作对象

在职场中，我们会发现，在公司内部担任领导的人，往往并不是专业能力最优秀的人。你也许会疑惑，为什么有些人的专业能力只有70分，却依然可以担任领导。是因为老板喜欢"任人唯亲"，还是因为这些人特别会"阿谀奉承"？

实际上，能够被委以重任、担任领导的人，往往综合能力很强。衡量一个人综合能力的指标有两个：一个是做事的专业能力，另一个是说服他人的能力。前者能给人值得信任的感觉，后者则是职场影响力的主要来源。

一个合格的领导，一定是这两者的综合体。合格的领导既可以将专业工作处理得游刃有余，也可以在面对上司、下属、同事、客户时，说话有分量，具有强大的影响力。

20 有效阐述观点：
说服老板支持你的想法

相信很多职场人都有过这样的经历：明明自己提出的是一个既为公司考虑，又非常合情合理的请求，却总是会被老板无情地拒绝。如此一来，很多职场人难免会生出猜疑：自己是不是在老板面前说话太没分量？老板是不是天生不喜欢提需求的员工？

事实并非如此。在通常情况下，老板之所以不支持你的想法，并不是因为你的口才不好，也不是因为你的角色不重要，而是因为你在阐述自己的观点时缺乏相应的技巧。

让我们先来看一个案例。小王在一家知识付费平台担任课程策划，最近股市复苏，老百姓的投资热情空前高涨，小王想趁机策划一套"教'小白'怎么做股票投资"的付费课程，于是向老板申请招聘一位负责课程推广的人员。

小王是这样向老板提出申请的："老板，我想开发一套教'小白'怎么做股票投资的课程，但我不太懂推广，现有的人手也忙不过来，能不能招一个专门负责课程推广的人过来？"

听完小王的话，老板反问小王："你对同类选题的课程做过市场调研吗？我们平台从来没打造过理财类的课程，我想问，你在招到人后，打算怎么来做这类课程的推广？"

小王回复道："最近股市复苏，大家都很有投资热情，我认为这套课程一旦上线，一定会大受欢迎。至于怎么做课程推广，我个人在这方面并不擅长，我打算在招到合适的员工之后，再一起商量。"

听完小王的这段话，老板当即驳回了小王招人的请求。

通常情况下，在做出任何一项会动用公司资源和成本的决策时，老板都会理性地从**"为什么做""做什么""有什么用""下一步如何行动"**这四个步骤来听取信息、思考问题。

对照上述四个步骤，小王的回答存在着非常明显的问题：他根本没有为老板提供足够具有说服力的信息。

针对老板思考的第一步"为什么要招人"，小王给出的信息是：自己想做新课程，但人手不够，忙不过来；

面对老板思考的第二步"招人来做什么"，小王给出的信息是：做课程推广，但具体怎么做，自己还没想好，等招到人了再一起商量。

而对于老板思考的第三步"招人有什么用",以及第四步"下一步如何行动",小王也没有给出明确的想法。

在管理学上,小王的上述回答属于典型的战略懒惰。"忙不过来""还没想好"之类的回答只能说明一件事:小王根本没有从老板最为关心的公司效益层面去思考提案的价值。正是因为小王并没有认真思考过以上四个问题,才会在说服老板的过程中出现严重的信息缺失,导致说服力大打折扣。

那么,小王应该如何说服老板支持自己的想法呢?

第一步:激发老板痛点,说明"为什么做"

员工在说服老板时,最重要的是让老板意识到公司目前存在什么问题,激发对方解决痛点的愿望。

以上文小王提出招聘人员为例,如果他一开始和老板这样讲,很可能就会是不一样的结局:"老板,最近股票投资的话题在微博和朋友圈都成了热点,我想趁着热点策划一套教'小白'投资股票的基础课程。您看我们平台的愿景是致力于为用户提供种类多样的课程,但却一直没有投资理财类的课程上线。另外,理财类的讲师资源也比较好找,开发起来也相对容易。"

小王这样讲,便可以将公司目前缺乏这类课程、新课程将对公司品牌产生积极影响,以及新课程开发成本较低等信息传达给老板,从而为自己"为什么做"提供充分的理由。

然而,即使员工在向老板充分陈述"为什么做"的理由后,依然会被老板拒绝。这种情况非常正常，员工不必急着向老板进行反驳和解释。因为老板更习惯从公司全局、市场大环境、投资回报率、保持权威等方面去综合考虑问题，这就导致员工认为非常合理的请求，在老板看来却存在问题。

因此，如果老板在"为什么做"这一步上和员工意见不同，只能证明两者在大方向上还没有达成共识。员工需要停留在这一步，试着使用"开放式提问法"和"封闭式提问法"（本书第12节所述），去耐心地与老板沟通，明确老板真正担心什么，现阶段真正想要什么。在明确老板的痛点之后，重新设计自己的说服方案。

第二步：告知行动方向，说明"做什么"

在老板明白"为什么做"之后，第二步的关键在于让老板看到一个大致的行动方向。

比如，小王可以这样对老板说："老板，我咨询了公司里其他做课程推广的同事，新来的同事如果能立即上岗的话，可以设计一些试听、促销类的优惠活动，还可以进行多渠道推广，我们会寻找一些分销渠道或者一些 KOL（意见领袖）资源，和我们平台同步推广新课程。"

在职场中，凡是员工要向老板汇报"做什么"时，员工准备得越充分，胜算也会越大。因此，在汇报"做什么"之前，员工既要清楚行动的具体细节，还要充分考虑到老板可能提出的反对意见，为此提前设计好解决方案。

第三步：突出重要价值，说明"有什么用"

这一步的关键是让老板直接感受到事情的重要价值。因为在老板心中，员工的一切工作都应该为公司带来利益。

小王向老板提出申请前，正确的做法是：根据市场调研情况，详细估算出课程的大致销量以及利润。比如，如果平台将新课程定价为 99 元，对比同类平台的同类题材课程，新课程上线后最低可销售 5000 份，能为公司至少带来 40 万元的利润。

值得注意的是，老板和员工在关注视野上存在一定的差距，有时在员工看来不错的收益，在老板那里可能就变得微不足道了。此时，最好的办法是员工为老板提供一个参照物，让老板感受到更为具体的价值。比如，小王可以告诉老板："40 万元的利润，相当于平台目前已上线课程平均利润的两倍。"通过数据参照，老板就会对课程的价值有一个直观的感受。

第四步：呈现具体行动，说明"下一步如何行动"

切记不要把下一步的行动说得太抽象、太复杂，诸如"下一步会有多个动作""动用公司很多资源"之类的答案，只会让老板产生抵触心理。

在上述案例中，小王可以告诉老板："下一步，我希望能在两周内招到运营人员，我们两个人首先成立一个新的项目组，一起去寻找讲师。除此之外，我们会一起制订一个课程推广计划提交给您。"

这样的回答，不仅让自己的下一步行动更具体、更直观，还可以让老板意识到你的行动不会消耗公司太多的成本。

在职场上，许多员工围绕一定的公司资源进行资源分配，分工合作。能够说服老板调动资源的员工，便能获得更多的业绩。只有了解老板的决策步骤，掌握一些说服技巧，完整、精确地传达信息，员工才有可能说服老板，从而获得更多资源。

【谈判加油站】 │ 说服老板支持自己想法的四个步骤:

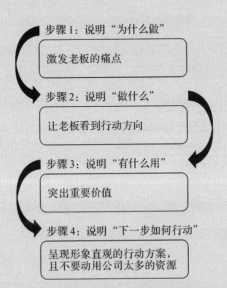

步骤1: 说明"为什么做"

激发老板的痛点

步骤2: 说明"做什么"

让老板看到行动方向

步骤3: 说明"有什么用"

突出重要价值

步骤4: 说明"下一步如何行动"

呈现形象直观的行动方案,
且不要动用公司太多的资源

【谈判训练营】

假如你是公司市场部的负责人,你临时接到一个任务,要在一周后为公司举办一场新品发布会。按照以往的经验,所有的工作都准备齐全,至少需要2~3周的时间。在时间已经无法更改的情况下,你需要将部分的工作外包给第三方供应商,才有可能完成任务,此时,你应该如何说服老板支持你的想法?

21 克服权力距离：
说服上级改变不合理决策

在职场中，下属说服上级支持自己的想法也许相对容易，但是如果下属想说服上级改变不合理的决策，往往是一件非常棘手的事情。

要想说服上级改变不合理的决策，就需要下属掌握两点：

一是能够克服权力距离，获得上级的信任；

二是运用妥当的谏言方式。

2019年年初，我到武汉一家服饰电商公司参观，接待我的是该公司的电商总监小吴。小吴告诉我："每年年初我都特别苦恼，因为公司要在年初为各个部门定下本年度的销售计划和销售目标。老板给我们部门定下的目标是——今年的销售业绩要比去年提升50%。老板不了解市场一线的情况，但是我们了解，这么高的指标，就算我们天天加班，也很难完成！"

相信上述情境一定许多人都遇到过，上级做出了一个明显不够合理的决策，但是下属却总是不敢劝说上级改变决策。

下属不敢说服上级改变不合理的决策，一般出于两种原因：

（1）畏惧心理。

下属之所以害怕与上级沟通，是因为下属默认自己和上级之间存在着权力距离。

当下属与上级产生不同意见时，双方之间的权力距离越大，下属就越不敢表达自己的想法。相反，双方之间的权力距离越小，下属就越敢于向上级表达不同的意见。

（2）不知道如何说服上级。

在上述案例中，假设小吴好不容易鼓起勇气，下定决心要说服老板改变决策，很有可能会按照以下方式和老板进行沟通：

"老板，我认为您今年为我们定下的KPI指标不太合理，我们部门即使全年加班也可能无法完成这个指标，我们是不是可以像其他公司一样，让深入市场一线的员工自行设置指标呢？"小吴这些话看似合情合理，但在现实中却很容易"触雷"。

心理学里有一种"合理化"机制，即当我们遇到无法接受的挫折时，就会用一种自我接受、自我宽恕的理由来为自己的行为辩护。

受这种"合理化"心理机制的影响，老板很可能在小吴提出不同意见时，质问小吴为什么觉得指标不合理，并且搬出其他部门的业绩进行对比。此外，老板还可能会认为，小吴之所以觉得指标不够合理，是因为小吴个人缺乏信心，在战术上存在偷懒心理，等等。

针对上述两种原因，下属应该运用哪些方法来说服上级改变不合理的决策呢？这里分享三种方法：

（1）尝试去克服权力距离。

在面对不同的权力距离时，下属可以采取不同的方式与上级进行沟通。

具体而言，当权力距离较大时，下属可以通过陈述事实的方式来说服上级。

比如，在上述的案例中，小吴可以根据市场的实际情况，统计往年的 KPI 完成情况，分析今年的市场前景，以此来证明目前的 KPI 设置存在一定程度的不合理性，从而有理有据地让上级理解现状，重新考虑 KPI 的设置。

当权力距离较小时，下属可以采用提建议的方式来说服上级。

继续来看小吴的案例，同样是面临不合理的 KPI 指标，如果小吴和老板之间的关系非常亲密，双方的权力距离较小，那么小吴不仅可以向老板陈述事实，还可以直接向老板提出调整建议，比如要求部门成员共同参与，重新衡量和制定 KPI。

值得注意的是，权力距离除了与上级和下属之间的职位等级存在直接关系,还与公司的企业文化、上级的性格有间接关系。但无论出于何种原因,如果下属希望说服上级改变不合理的决策,第一件事便是必须消除权力距离给沟通带来的障碍。

（2）改变提问方向,激活上级的同理心。

没有人喜欢被否定,尤其是公司的高层领导。一旦下属反驳上级做出的决策,就很容易让彼此之间产生隔阂,甚至爆发冲突。

回到小吴的案例中,假设小吴直接指出老板制定的指标不够合理,很容易使老板调动"合理化"心理机制,拒绝承认指标不合理。正确的做法是,小吴可以通过重新定位问题,破解老板的自我保护机制。比如,小吴可以对老板说:"老板,我也很想为公司创造价值,超额完成KPI,可是您今年定下的绩效指标比去年高出不少,我想向您请教一下,我们该怎么做才能比较顺利地完成业绩呢?"

通过重新定位如何才能完成指标,而非直接指出指标的不合理性,小吴可以唤起老板的同理心,让对方站在解决实际问题的角度,进入理性思考模式,以便审视自己做出的决策。

（3）准备备选方案,让上级做选择题。

相较于对自己做出的决策说"不",即做出是非判断,上级更偏向于在若干个可行方案中做出选择。因此,在说服上级改变不合理的决策时,下属需要提前准备好更合理的备选方案。

回到前文的案例。如果小吴觉得今年的KPI指标过于苛刻,经过估算，将 50% 改成 30% 更具有可操作性。当小吴心中已经预估好一个更加合理的业绩指标后，再去和老板沟通，并适时地提出备选方案，可以帮助老板缓解重定目标的压力。一旦领导的压力得到释放，就会最大限度地支持下属。

尽管下属和上级之间存在着天然的职场势差，上级具备更大的发言权，但每一位下属都应该适应职场特点，克服权力距离，运用更好的对话策略，为自己争取到更合理的目标和资源。

【谈判加油站】

不敢说服上级改变不合理的决策，一般出于两种原因：

一是畏惧心理；

二是不知道如何说服上级。

说服上级改变不合理决策的三种方法：

方法 1　尝试去克服权力距离

方法 2　改变提问方向，激活上级的同理心

方法 3　准备备选方案，让上级做选择题

【谈判训练营】

假设你最近刚晋升为一名新手爸爸或新手妈妈，同时在工作上你又晋升为部门经理。因为业务的原因，新的职位需要经常出差，上司要求你每个月必须拜访 20 家客户，但频繁出差这件事情已经影响到你的家庭关系，如果你希望减少出差频率，你该如何说服你的上司？

22 角色换位思考：
说服同事协助自己的工作

相信很多职场人都产生过这样的困惑：为什么有些人用寥寥数语就能得到其他同事的帮助，而自己想请同事帮忙时却总是遭到拒绝呢？

寻求同事帮忙是职场中司空见惯的事情，但有种能力却似乎只属于少数幸运儿，他们生来就知道如何凭借个人魅力，凭借着自己的能言善辩，去说服别人按照他们的要求行事。

实际上，没有人在"说服"这件事上具有天生的本事，说服力是一门需要后天修炼的艺术。只有触及人们内心深处的需求，说服行为才可以奏效，从而促使别人心甘情愿地为我们提供帮助。

让我们先来看一个案例。刘伟是一家软件公司的市场经理，每个月月末，他都要按照惯例制作一份用户分析 PPT，并在月度总结会上向公司领导汇报。最近一次，刘伟在进行数据汇总时，发现 PPT 上的一项财务数据似乎存在问题。刘伟找到财务部的小吴，想请他花点时间帮忙核对数据，但正巧赶上下班时间，小吴已经关上电脑，准备下班回家。

面对刘伟提出的请求，小吴以"正巧家中有事，今天不方便加班处理"为由拒绝了。刘伟当即补充道："小吴，如果你今天能帮忙核对一下数据，改天我一定请你吃饭。"但无论刘伟提出何种回报条件，小吴都不为所动。小吴不愿意帮助刘伟，表面上看似乎是因为他家中有事，急需下班。但实际上可能是小吴有如下几种考虑：

（1）每个人都只愿意做对自己有意义的事情。

小吴拒绝帮助刘伟，可能是因为小吴觉得帮助刘伟对自己来说并没有什么特别的意义。

（2）每个人都不愿意被他人支配。

相比在刘伟的支配下加班，小吴更期望能够自由支配自己的时间。

（3）每个人都不喜欢做复杂的事情。

核对数据是一件耗时耗力的工作，在小吴看来，自己没有必要在下班之后为刘伟解决如此复杂的问题。

（4）每个人都习惯关注情绪超过关注事实本身。

有时候，对方决定帮你，是出于感性，认为你这个人值得帮。当他认为你不值得帮时，就会直接拒绝你。

既然每个人在拒绝别人时都可能是出于以上四种考虑，那么作为请求方，应该如何向同事寻求帮助，才能不被拒绝呢？这里分享四种方法：

（1）请求对方帮忙时，充分塑造事情的价值和意义。

在上述案例中，刘伟希望小吴能够帮助自己核对财务数据，可以这样告诉小吴："这组财务数据正确与否，不仅对这次汇报非常重要，也事关公司在未来一段时间内是否需要对产品做出调整。你在这方面比我更专业，我信任你，也更需要你的帮忙。"

当刘伟充分地向小吴塑造出这件事情对于整个公司的价值和意义，并且对小吴个人的专业价值表示充分的肯定和尊重后，对方才会愿意帮忙。

（2）要给对方选择的权利，而非命令或支配别人。

社会心理学研究发现，当你需要对方帮忙做一件事（比如让对方捐钱或者帮你承担某份工作），如果你在提出请求之后，再加上一句"你可以选择做或者不做"，对方答应你的概率会多出一倍。

这是因为，人们不喜欢被剥夺选择权。如果你向其他人提出请求时，一味地向对方强调务必要对你提供帮助，他们会产生被强迫的感觉，变得"心胸狭窄"；相反，如果你主动提出对方拥有做或是不做的选择权，就会减少对方的抵触情绪，他们会更平和地考虑你的提议。

在上述案例中，当刘伟请求小吴核对财务数据时，可以这样说："小吴，你现在可以帮我一个小忙吗？我想请你帮我核对一组财务数据，如果你现在可以帮我的话，大概会耽误你20分钟的时间。不过如果你现在有其他事情要忙的话，你可以忙完自己的事情后再帮我核对数据。"一旦小吴在时间上拥有了选择权和掌控权，就不会轻易拒绝刘伟的请求。

（3）尽量将需要对方帮忙的事情分解成简单的事情。

在上述案例中，刘伟可以这样告诉小吴："小吴，我正在制作本月的用户分析PPT，其他数据已经全部核对完毕，目前只差一组与财务相关的数据还需要核对，我这里已经有了一组初步数据，你看是否可以帮我从后台调出这组数据，我来将两组数据进行核对即可。"

在上述对话中，刘伟首先把制作用户分析PPT的事情，分解成只差一步就大功告成的简单事情。其次，刘伟将小吴核对数据的事情，分解成对方只需要从后台调出数据，核对工作由刘伟自己完成的小事情。通过这两步分解，小吴只需要做出一个最简单的动作——调出数据即可。对于举手之劳即可完成的小事，小吴在很大程度上都不会拒绝。

（4）适当加入友好的情绪表达，动之以情，让对方从情感层面理解和支持你。

在上述案例中，刘伟除了表达自己在数据敏感度上不如小吴之外，还可以用情绪去感染对方。

比如，小刘可以说："我今天实在太累了，最近一周都在连续加班，在这次制作用户分析 PPT 的过程中，从各个部门收集上来的数据有很多错误，我刚核对完一天数据，现在还有些眼冒金星。说实话，我现在太理解你们了，辛苦你们每天都面对着一堆数据进行统计、审核和分析。今天我们之间同病相怜，你可不可以帮我一个小忙，让我尽快确认其中的一项数据？"

在职场上，尽管人们对于事务常做理性分析，但对于人却习惯去做感性判断。适当的感性，可以调动起对方的情感，更容易说服对方。

总而言之，说服同事帮忙这件事背后的逻辑是：每个人都需要在心理上感受到被尊重，每个人都不愿意被人支配。想要说服同事帮助我们，就要始终站在对方的角色和立场上，去思考"帮忙"这件事情。

【谈判加油站】 | 说服同事帮助你的四种方法：

方法 1 充分向对方塑造这件事的价值和意义

方法 2 给对方选择的权利，勿去命令或支配别人

方法 3 将需要对方帮忙的事分解成简单的事

方法 4 传递出友好的情绪，让对方理解和支持你

【谈判训练营】 假设你在周末临时接到了一个客户电话，客户在电话中请你为他紧急邮寄一份资料，这需要你回到公司取出文件，再快递给客户。但是你正巧在外出游，这时你想请一位同事帮你完成这件事，你准备如何说服同事帮忙？

23　找到客观标准：
有理有据应对客户投诉

　　当代消费者在观念上日益成熟的同时，也变得越来越挑剔，即使商家提供最好的产品与最优秀的服务，也难免会遇到客户投诉。在应对客户投诉的典型谈判中，人们总是习惯一遍遍地告诉对方"我们是对的，你是错的"或"我们理解你的立场，但也请你理解我们的立场"。但是，这种站在各自立场上的争论，对于解决客户投诉根本无济于事，因为大家往往会忽视谈判的核心原则——客观标准。

　　吴刚是一家保险公司的业务员，最近刚被一位客户投诉。事情的起因是：客户最近开车遭遇了一次交通事故，车身损毁严重，在保险公司还未定损时，客户直接向保险公司提出赔偿10万元的要求。在吴刚看来，客户提出的赔偿金额明显高于市场标准，于是吴刚以需要按照流程赔付为由，请客户回去等待公司的最终定损结果，在此之前，关于保险赔偿金额的问题，自己没有权力答应客户。但意想不到的是，客户认为吴刚的工作态度不积极，一气之下向保险公司投诉了吴刚。

从保险公司理赔的流程来看，吴刚的处理方式并没有问题。但从谈判的角度来看，吴刚犯了一个非常简单的错误：因为不认可客户提出的条件，吴刚不断地强调要以自己的立场解决问题。吴刚这样的做法，只会将双方之间的谈判变成互不相让的比赛，两个人都试图按照自己的意愿来输出结果。

可见，双方站在个人立场上进行争辩，比拼意志力，互不相让，只会徒增谈判成本，激化矛盾。实际上，当客户在金额上争执不休时，正确的做法是尽量找到一些可以参考的客观标准，让客户更加理性地思考问题。

那么，作为谈判的"定海神针"，什么样的标准才是客观的呢？具体而言，谈判参考的客观标准需要满足三个条件：

（1）必须独立于谈判任何一方的主观意愿。

在上述案例中，与双方主观意愿都没有关系的客观标准包括：客户购买这辆车的原价，二手车市场上同型车的市场价，过去同类赔偿的先例，其他保险公司保险金的计算方法，等等。这些客观标准不会因为任何一方的主观意愿而发生改变，双方更容易认可它们的参考价值。

（2）客观标准对于谈判双方同样适用。

双方都认可这一标准的客观性，也都愿意以此作为谈判的参考依据。

（3）客观标准不能是双重标准。

谈判中的双方都不能是"两面派"，即不能对 A 客户使用一套标准，但在和 B 客户谈判时又使用另外一套标准。

那么要如何调动客观标准，才能让双方进行理性谈判呢？这里分享三个方法：

（1）把寻找客观标准当作谈判双方共同的事情。

这一步的关键是，尽量引导双方建立共同目标，即寻找客观标准。

在上文的案例中，吴刚面对提出条件的客户，可以这样询问对方："请问一下，您提出的 10 万元的赔偿金额，您是怎么计算出来的？参考了哪些标准？"这就是在引导客户，调动出他的参考标准。

在谈判中，要重视对方提出的每一个参考标准。因为，对方每提出一个参考标准，就意味着你多了一个说服对方的角度。一旦你按照对方的参考标准来表达自己的想法，对方对你的认知和态度就会发生转变，从而更容易接受你的决策。

但如果这一策略失败，遇到客户坚决说："不需要参考任何标准，我就是觉得这辆车值这个价。"吴刚并不需要立即反驳对方。既然客户不愿意主动调动客观标准，不妨继续引导客户进入寻找客观标准的角色。吴刚可以这样说："好的，您认为这辆车现在值 10 万元。那我们是否可以看一看同类车型在二手车市场上的销售价格，或者谈一谈这辆车最初的售价以及折旧的程度？"这样，吴刚便可以从质疑对方要价过高的主观立场，转向双方共同为 10 万元寻找合理依据的客观立场。

人与人之间发生冲突时，双方谈判的姿态既可以是"面对面"的，也可以是"肩并肩"的。"面对面"的关系大多是双方质问、争论、攻击、拒绝，而"肩并肩"的关系则意味着双方站在同一阵线上，共同面对和解决问题。

（2）不要将客观标准用来强化其中一方的立场。

如果找到了客观标准，却只是用来说明自己的立场，强化自己的观点，那么这客观标准就与战场上的子弹无异。

比如，一位员工在得知和自己付出同样劳动的同事刚刚获得涨薪后，就会认为老板该一视同仁，自己也应该得到同等的待遇。表面上，看似参考了客观标准，却以此来强化自己的立场，很可能在和老板沟通时争执不下。正确的做法应该是在陈述自己诉求的同时，也听听对方的理性意见，让客观标准同时适用于双方立场。

（3）不要屈服于压力，只为客观标准让步。

在上述案例中，客户很有可能对吴刚说："要是你不答应赔偿我 10 万元，我就向公司投诉你。"

职场中难免会遇到个别客户，通过提出一些无理要求，向服务行业的工作人员施加压力。面对客户的施压，吴刚不如以一种既温和又果断的方式，来告诉对方："赔偿金和投诉是两码事。从赔偿金来看，如果计算方法有理有据，我们会按照流程处理。"

但如果客户不为所动，继续向吴刚施压，甚至情绪激动地对吴刚说："你难道不相信我吗？你是不是认为我在凭空虚报价格？"面对压力策略，吴刚可以说："我是否相信您和应该赔偿您多少钱之间也没有任何关系。我坚持的只是这个赔偿金的计算方法而已。"

在谈判中，我们难免会遭受到对方的各种施压：贿赂、威胁、叫板、释放信任危机或拒绝沟通……无论遭遇何种施压，都需要坚持原则，平静地请对方陈述施压的理由，然后继续坚持双方按照客观标准进行讨论。

从长远的角度来看，只要坚持采用客观标准进行谈判，就会在谈判中拥有更多优势。相较于一个仅仅采用意志力来坚守提案的谈判者来说，运用客观标准更能够以理性的思维来抵挡住对方的攻击。

【谈判加油站】 有理有据地应对客户投诉：

步骤1：找到客观标准

条件1：独立于谈判任何一方
的主观意愿

条件2：对于谈判双方同样适用

条件3：客观标准不能是双重标准

步骤2：调动客观标准，理性谈判

诀窍1：把寻找客观标准当作谈
判双方共同的事情

诀窍2：不要将客观标准用来
强化其中一方的立场

诀窍3：不要屈服于压力，
只为客观标准让步

【谈判训练营】 假设上司让你寻找一家印刷公司，为公司所有员工印刷名片，老板要求一律用铜版纸，印厂爽快地答应了。结果在验收时，你发现印厂使用的并不是纯正的铜版纸，你向对方提出退款，却遭到对方的拒绝。对方坚称印刷名片所用的就是铜版纸，还转移话题说你给到的源文件有问题。此时，你该如何应对，并让对方同意重新印刷？

24 打动意见领袖：
说服群体通过你的提案

在工作中，每个人都要和其他人产生协作关系，如果能够说服协作者采用我们的方案、设想、建议等，那么在推进任务时，就会更加顺利。但实际上，每个人都有自己的主张和利益考虑，想要说服他人，尤其是说服一群人时，往往困难重重。

比如，在对内的公司项目讨论会上，你提出一个好的想法，大家却无动于衷；在对外的产品展示会上，你自以为完美地介绍了产品，客户却丝毫不为所动。在这类情况中，个人很容易感到极强的挫败感。其实，即使是面对一对多的说服情境，依旧是有技巧和方法可以遵循的。

在分享一对多的说服方法之前，我们先来了解一下，影响一对多说服的因素有哪些。

认知因素

在群体沟通中，作为一个提案负责人，你所呈现的提案亮点，他人却未必能够理解，这是源于每个人的认知差异。人与人之间在技能上的差距，尚可通过练习来缩小；但人们在认知上的差距，却很难填平。因此，不同认知层次的人们之间所存在的交流困难，正构成了一对多说服的难点。

利益因素

有些情况下，即使其他人认可你的提议，也有可能对你提出反对意见，或者故意给你制造麻烦和障碍。因为他们无法从你的提议中获益，甚至一旦支持你的方案，他们的利益还会受到某种程度的损害，这也是一对多说服的难点所在。

身份因素

在职场中，天然存在着一套权力运作规则，权力赋予了每个人不同的职场影响力。

比如，在一场项目讨论会上，你提出的方案确实不错，但在职位更高或是影响力更大的意见领袖表态之前，基层员工往往会选择保持观望，因为基层员工更偏向于跟随意见领袖的意见，意见领袖正是一对多说服的关键所在。

"意见领袖"是最早由美国传播学者拉扎斯菲尔德在20世纪40年代提出的一个名词。在他的理论中，意见领袖是媒介信息和接收终端的中间过滤环节，会对大众传播效果产生重要影响。比如央视、微博"大 V"、抖音网红，都可以称之为意见领袖。

在职场中，意见领袖则更多地代表权力和影响力，他要么是自己掌握着话语权，要么是背后所代表的人说话算数。因此，只要说服意见领袖，便掌握了说服一群人的关键。而对于非意见领袖，我们只需掌握一些控场技巧，并准备好应对反对意见的方案即可。

由此可见，有效说服一群人有三个步骤：

1. 找到群体中的意见领袖

在职场上，除了从职位高低识别意见领袖之外，还有以下两类隐藏的意见领袖：

（1）工作经验丰富的人。

代表人物：公司的老员工和某个专业领域的技术"大牛"。

但凡能够长期在公司生存发展的人，一定有其过人之处，在同事中具有一定程度的影响力。而在某个专业领域能力超群的人，很容易在相关业务的决策上得到领导和同事的信任。

（2）同公众和媒体联系更密切的人。

代表人物：公司的公关经理、商务经理。

这些人大多数都具备优秀的社交能力，他们和客户、媒体联系密切，手中掌握着一线前沿的市场信息，因此，这些人会对公司的决策产生较大的影响力。

2. 说服群体中的意见领袖

具体而言，有效说服这些意见领袖，有两种非常实用的方法：

（1）让意见领袖从行动上参与你的方案。

我们在说服别人时，往往急于要求对方表态，但相比之下，让别人从小事行动起来反而更加容易。

假设你想追求一个女生，你直接向她表白，问她是否愿意做你的女朋友，女生往往会犹豫不决，你表白成功的概率也会大为降低。但是，如果你先引导对方做出一些行动，比如请她帮你照看猫，请她和你一起喝奶茶，一起吃饭，等等，对方越愿意参与这些行动，你追到对方的成功率就越高。

同理，要想让意见领袖认可你的提议，也需要让他有所行动，参与到你的提议中来。

比如，你想让公司的技术总监同意研发新程序的方案，如果你直接去询问他的态度，多半情况下会被拒绝，毕竟研发一个新程序需要对方投入时间和精力。但是如果你先设计出程序的基本框架，让对方从技术上提出一些指导意见，或是请他亲自对你的方案做出技术上的修改……这些小小的行动，对于总监个人而言不过是举手之劳，但是对你来说却至关重要。当你在会议上提出研发新程序的方案时，对方会因为参与过这个方案，了解这一方案，从而更愿意支持你。

（2）让更多人从你的方案中获益。

虽然不同部门、不同职位的人会存在不同的利益需求，但在协作性的工作中，总是会存在共同利益。人类学家唐纳德·E·布朗曾提出，人类总是想拥有一些共同的东西，书中把这些列成了一个"人类共同需求清单"，包括：

被认为优于他人；

被认为身体和打扮很有吸引力；

预测未来；

为未来做准备；

回报别人；

体会他人的感受；

拥有他人拥有的东西；

表达言语之外的意思；

能够左右他人；

理解他人行为。

我们每个人都可以利用"人类共同需求清单"，化"需求"为"满足"，让意见领袖和尽可能多的群体成员，都能在你的提议中感到满足。这里的需求包括实际的绩效、利益，也包括一些精神上的尊重、感谢、称赞。在通常情况下，经济利益已经很难对意见领袖们产生太大的刺激，不过来自其他人的称赞、认同、感谢，他们却很受用。

我们来看一个案例。肖凯最近刚做完一份关于"520"（5月20日）的服装营销方案，其中有一条是让情侣互换服装并拍摄一组换装照片。在公司的提案会上，肖凯需要说服意见领袖林总。

肖凯介绍的话术是这样的：

"这次的营销方案，结合了上次林总提出的'瞄准客户感受'的要求，旨在让情侣获得更加亲密、新奇的穿着体验。男生可以换上女生的裙装，女生则可以换上男生的西装。

我要感谢一下设计部门的同事，他们帮忙制作了几组换装的照片，大家可以看一下，如果我们的模特换装后也呈现出照片上的效果，是不是会非常吸睛呢？

其实，我们创意部门在很早的时候，就已经在为换装活动做准备了，尤其是最新设计的几套新款服装，风格偏中性，也有多款情侣搭配，非常适合用在这次的换装活动上……"

肖凯在上述的话术中，同时让意见领袖林总和其他部门的成员感受到了充分的尊重与肯定，于是对方便很难拒绝这一营销方案了。

3. 掌握一些控场技巧，有效应对其他人的反对意见

说服意见领袖之后，并不意味着大功告成，还要应对可能随时出现的"冷枪暗箭"。

比如，在项目讨论会上，几个非意见领袖突然对你发出质疑，此时你需要具备一定的控场技巧。学会控场，可以防止反对意见呈星火燎原之势扩散开，避免更多的人对你群起而攻之。

既然及时控场是说服一群人时不可缺少的一环，那么应该如何应对，才能有效控场呢？这里分享三个方法：

（1）通盘考虑你的方案。

在说服别人之前，你应该提前考虑到可能会出现的质疑或反对意见，并为此做好充分准备。

通常情况下，谈判中可能遭遇的质疑或反对意见无外乎以下几种：没听明白，时间太紧，预算太少，困难太多，对其他部门而言投入产出比不划算……一定程度上反映出其他人在行动中可能会遇到的实际困难。

（2）学会有节奏地控场。

"有节奏地控场"是指把对方带到你的说服节奏中，让对方对你放松警惕。这里分享三个技巧：

①点明对方的感受。

具体的做法是：在对方对你提出反对意见时，你可以评估一下其中的原因，琢磨对方的感受，并且用正确的语言向对方表达出来。

你可以使用"看上去""听起来""似乎"之类的中性词作为开头，比如，"听起来你很犹豫""听起来你有一点担心""似乎你有一些为难"……

用中性词作为开头有两个好处：首先，它会鼓励对方进一步对你做出反馈，告诉你他产生这种感受的原因，从而帮助你发现问题；其次，在语言中使用中性词，可以为双方营造一种亲切的对话氛围，促使对方更平和地对你说出意见。

值得注意的是，不要在标注对方感受时加入"我"这个字。一旦使用第一人称作为开头，用"我觉得你很犹豫"或是"我觉得你有一些担心"向对方展开描述时，会令对方更关注你的感受，而非他自己的感受。

②引导对方提供解决方案。

具体的做法是：当对方向你提出反对意见时，使用"你觉得这个问题应该怎么解决"的话术向对方进行提问，可以把解决问题的压力还给对方。如果你已经对自己的方案进行过充分的考虑，那么，在实际的讨论过程中，如果其他人提出质疑，很难会有新的解决方案。因此，如果你将问题抛给对方，请对方提出解决方案，就会让对方发现问题的难解之处。此时，对方便更有可能放弃自己的质疑。

③鼓励其他人发表意见。

在说服一群人时，如果你遇到了一时无法做出回答的问题，而对方也不愿意为此提供解决方案，不如尝试去鼓励其他人发表意见。这样做既可以为你自己赢取一定的时间去整理思路，也可以请这些人帮助你承担一部分的说服工作。

在一对多的谈判场景中，没法让每一个人认同自己的观点。因此，必须将有限的精力和资源放在说服关键人物上，以四两拨千斤的方式，达到一个人说服一群人的目的。

【谈判加油站】

影响一对多说服的因素有：认知因素、利益因素和身份因素。

说服群体通过提案：

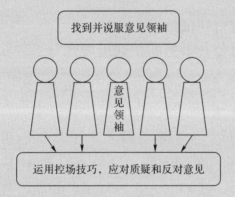

【谈判训练营】

为了提高员工的工作效率，减少部门之间互相串岗聊天的问题，公司正在推行一项重大的企业文化改革。如果你是人力资源部的负责人，需要在会议上宣布实施这一方案，在确保不伤害公司声誉和同事间感情的情况下，你打算如何设计这一说服流程呢？

25 避免责任风险：应对公共事务的"刻板规则"

在日常生活中，我们被公共事务的"刻板规则"困住的情况时有发生：烦琐的证明材料，"不通情理"的硬性要求，多部门相互推诿、办事无门……这些都让我们在处理公共事务时望而止步。

面对各种棘手、复杂或是特殊的情况，如何通过谈判和说服，让工作人员在执行规则的同时，也能够人性化地处理，为我们争取到更多的权益？

杜冰已在北京工作和生活了 10 余年，却始终没有在北京成功落户。2018 年 9 月，杜冰 7 岁的女儿甜甜准备进入小学学习。甜甜如果要进入北京本地的小学，就需要进行非京籍子女入学材料审核，审核通过才能获得入学资格。网上的入学信息采集是在北京就读小学的第一道关口，信息一旦填错，孩子便无法在北京就读小学。

在后来的审查中，工作人员发现，杜冰在网上登记的孩子的血型与户口本上的血型不一致。实际上，杜冰在网上填写的是正确血型，户口本上登记的血型反而是错误的。但是，眼看着开学时间临近，无论是撤销网上的登记信息，重新填写，还是更改户口本上的错误信息，时间上都不允许。

无奈之下，杜冰请求工作人员"通融通融"。但在多番沟通之后，工作人员仍旧以"信息有误，按照规则办事"为由，拒绝为其通过审核。眼看沟通无效，杜冰只好放出最后通牒，大声要挟对方："规则是死的，人是活的，我的信息并没有写错，要是因为你的原因耽误了孩子上学，我就去上访！"可工作人员依旧不为所动。

为什么对于工作人员来说，"刻板规则"就那么难以通融和改变呢？主要原因在于以下几个方面。

改变"刻板规则"，会给工作人员带来违规的责任风险

为了保证公平性，公共事务一般都需要在明确的规则、流程、框架中进行处理，一旦涉及到意外情况、模糊界限或者超出框架范围的事务，工作人员为了保险起见，一般会采取搁置处理或按规则进行处理的策略。

在上述案例中，如果杜冰填写的信息和户口本上的信息一致，那么对于工作人员而言，通过审核则无任何责任风险。但

是杜冰现在的情况明显与招生规则不符，如果工作人员酌情处理，通过审核，就需要承担打破规则、违规操作的责任风险。

改变"刻板规则"会增加工作人员的工作负担

对于处理公共事务的工作人员来说，他们最熟悉的操作方式便是按照规则和流程办事。如果要处理规则之外的特殊情况，则会增加他们的工作负担。

杜冰实际填写的血型信息并没有错，工作人员只要允许对方提供相应的证明材料，那么"酌情通过审核"也不会为他们造成责任风险。但是一旦答应"酌情处理"，工作人员便需要接手处理"血型核对""重复审核"等后续工作，增加自己的工作量。

改变"刻板规则"，需要双方之间进行有效沟通

在所有决定协议是否能够达成的因素中，只有不到 10% 的因素与事情的本质相关，而超过 90% 的因素都与人处理的过程有关。

杜冰在未解决问题的前提下，与工作人员之间存在着明显的沟通问题。尽管无法通过审核确实会让人产生急躁、焦虑甚至愤怒的情绪，但是在说服还未达成之前，要想保证沟通品质，必须学会控制负面情绪。

明确了工作人员在处理公共事务时不愿意改变"刻板规则"的三个原因之后，我们可以对症下药，通过沟通一一化解。

针对工作人员担心违规的问题，需要运用两种沟通技巧

（1）从对方的立场出发，或是从值得同情的立场出发。

我们应该避免从自己的立场出发，而是尽可能地从工作人员的立场，或是从值得同情的立场出发，向工作人员表达自己的诉求，让对方首先在立场上不排斥自己提出的诉求。

（2）主动承担责任。

对于自己诉求中超出规则或者比较模糊的问题，应该主动承担责任，从而让对方避开"违规处理"的风险。

杜冰如果需要规避工作人员承担责任的问题，减轻工作人员的心理压力，引导对方在规则之外寻找其他的解决方案，那么在沟通过程中，杜冰可以这样说："虽然我填写的血型信息没有错误，但的确和户口本上的血型信息不一致，从您的立场上来讲，我特别理解您要通过这次审核的难处，毕竟您需要按照规则办事，我现在的确给您造成了不必要的麻烦。但孩子读书是人生大事，错过这一次，孩子可能就需要再等一年才可以入学，因为我们家长的一次疏忽对孩子造成这么大的影响，对孩子来说实在可惜。"

如果杜冰从工作人员的立场和孩子的立场出发，去引发工作人员的共鸣，会比一味地向对方强调自己的诉求更加有效。

此外，杜冰还可以这样说："这件事的责任不在于您，而在于我。您看这样是否可以？我接下来马上去相关部门开具孩子的血型证明，后期我也会把户口本上错误的血型改过来，保证与网上填写的正确血型保持一致。只是当下最重要的是，今年的入学名额有限，我来回办理手续需要花费不少时间。如果您能够先按照真实情况通过这次审核，真是帮了我们全家一个大忙了！"

在上述这段话中，杜冰将责任全部归到自己身上，主动提出对"真实情况"进行辅助证明，可以在一定程度上减轻对方害怕违规和承担责任的心理压力。

针对增加工作人员工作负担的问题，最好的办法是请对方提供建议和解决方案

请求对方提供建议和解决方案，可以让对方从解决问题的一方，转变为做出安排、下达指令的一方。对于工作人员来说，相比在承担违规风险的前提下帮助对方解决问题，并处理后续事宜，如果自己只是提出一个建议，并由对方去操作和完成，显然更能减轻自己的负担和心理压力。

杜冰一直请求对方网开一面，其实就是将自己的麻烦抛给工作人员。如果杜冰换一个角度，对工作人员这样说："我也想在不违反规则的前提下找到其他的解决办法，您在处理这些问题上可能有更多的经验，相信您每年都会见到和处理不少类

似的意外情况。我也想请教一下,您有没有其他的办法或者建议,可以帮助我把这件事处理妥当?比如,不耽误孩子今年上学的话,需要我补充什么样的证明材料?麻烦您指点一下。在后续工作中,我也会尽一切可能不为您带来额外的工作负担。"

在上述这段话中,杜冰自愿去处理棘手的手续,并且承诺在后续工作中减轻工作人员的工作量,只需工作人员在当下给出一个解决问题的建议。一般而言,面对这样的请求,工作人员都不会轻易地拒绝。

针对双方有效沟通的问题,需要遵循两大原则

(1)目标至上。

在说服工作人员的过程中,我们需要时刻牢记自己的目标,时刻要求自己以完成任务、解决问题为目的。同时,我们需要在沟通中排除一切干扰,确保双方之间的沟通品质。只要双方身处友好的沟通氛围之中,事情就尚有可商榷的余地。

杜冰因沟通无效直接要挟对方,就是犯了沟通大忌,很容易导致对方关闭与自己的沟通之门。

(2)使用协商性语言,充分尊重对方。

对于处理公共事务的工作人员,我们在沟通的过程当中,要充分地表现出尊重和协商的态度,这种态度正是对方在枯燥的工作之余,愿意与我们进行沟通的前提。

杜冰以越级上访为由要挟工作人员,只会让对方产生极大

的反感和抵触情绪。但是，如果杜冰运用协商性的语言，以尊重对方的态度去表达越级上访的解决方法，可能会产生更好的效果。比如，杜冰可以这样说："这件事情确实比较特殊，要请您在这些规则上进行改变，我想您也有自己的难处，您看能不能这样，您先把我的名额留在这里，我去找一找领导，把我的情况和您的难处都反应给领导，他要是认为能够办理，我再来这里麻烦您。"

"能不能""可不可以""是否"等都属于典型的协商性语言。使用协商性语言，不仅可以将选择权和主动权交到对方手上，还可以试探性地抛出自己的解决方案，避免对方给出模棱两可的回答，使其观点明朗化。

公共事务如同个人事务的放大，只有透彻地了解"刻板规则"不能改变的背后原因，才能对症下药地运用说服技巧，促使工作人员在处理方式上更为人性化，从而最大限度地解决问题，为自己争取到更多的合理权益。

【谈判加油站】 | 在公共事务的"刻板规则"上催生改变的三个方法：

方法1：针对工作人员害怕违规的问题：

以工作人员的立场或是值得同情的立场，让对方不排斥自己的诉求

对于超出规则或者比较模糊的问题，主动承担责任

方法2：针对增加工作人员负担的问题：

请对方提供建议和解决方案

方法3：针对与工作人员有效沟通的问题：

原则1：目标至上

原则2：使用协商性语言，充分尊重对方

【谈判训练营】

假如你在上海工作，需要到居住地所属辖区的派出所办理居住证。由于你住在舅舅家，无法提供房屋租赁合同，于是办事人员需要你去户口所在地，开具一份你和舅舅的关系证明。但你回到老家找了多个部门都无法开具这种证明，只能回到上海，与派出所工作人员沟通协商此事。此时，你该如何进行谈判，越过开具关系证明的"刻板规则"，成功办理居住证呢？

第七章
重建家庭亲密关系

在大多数人的"刻板印象"中，中国的家庭模式是一种天然的权力系统，父母之于子女，丈夫之于妻子，具有由身份赋予的天然话语权。因此，在营造家庭关系时，某些家庭成员会以身份权力的惯性思维，去迫使家人认同或顺从自己。这正是许多家庭关系紧张、矛盾频发的原因所在。

在权力意识的驱动下，家庭成员之间的谈判往往会陷入你赢我输或你输我赢的糟糕状况中。孩子们会认为父母思想太顽固，父母却误认为孩子的性格叛逆；朝夕相处的夫妻，认知模式却存在着巨大的差异，在生活和教育理念上争执不休……

大到结婚生子，小到柴米油盐，每一天，我们都需要与最亲密的伴侣或家庭成员进行沟通。每一次沟通都是一场需要讲究策略的谈判，万万不能小觑。

那么，要如何摆脱权力意识，培养说服力，与家庭成员通过"协商谈判"来解决问题呢？这就是本章将要探讨的主题。

26 避免自责情绪：正确应对父母的情感绑架

提到"绑架"一词，很多人第一时间会联想到社会新闻中那些耸人听闻的刑事案件，似乎"绑架"与自己柴米油盐酱醋茶的小日子并无关系。但实际上，有种绑架恰恰是来自于我们最亲密的父母，那就是"情感绑架"。

"我是你妈，还不是为了你好？""我们辛苦把你养大不容易，你怎么就不知道知恩图报？""全家人就指望着你了，你可不能不听话啊！"……诸如此类，或许父母和孩子早已司空见惯的言语，都是典型的"情感绑架"。

我的朋友有个孩子，名字叫大可。大可去年刚刚大学毕业，在择业的问题上和父母产生了分歧。事情的起因是这样的：大可从小酷爱建筑，一直希望进入建筑行业工作，但是大可的父母在银行工作了一辈子，坚持要求大可去银行工作。

在择业问题上，大可与父母爆发过几次激烈的争执。父亲反对大可进入建筑行业的原因是：父母都在银行工作，如果大可也进入银行，那么无论是在人脉资源上，还是在专业经验上，父母都可以为大可提供很多帮助。但是如果大可进入建筑行业，那么全家在这个行业内既没有人脉，也没有经验，大可不仅要依靠自己从底层做起，还要常驻项目工地，未来的发展前景让人忧心忡忡。

和父亲的反对意见不同，大可母亲反对的原因则是：他们为大可辛苦操劳了一生，好不容易将大可培养成器，如今到了大可进入社会、回报父母的时候，大可偏要坚持去做看起来没有前途的建筑类工作，大可在择业这种重大问题上固执己见，本质上是不知道对父母知恩图报。

想必上述案例，在日常生活中，大家一定不会陌生。父母对孩子进行的"情感绑架"，无非是以下两种典型：

（1）以"父母都是为了孩子好"为由，长期对子女进行"庇护控制"。

"庇护控制"是一种父母迫切关注子女而导致的过度保护，通常表现为父母对保护对象进行思想和行为上的操控。在大可择业的案例中，大可父亲坚持让他从事银行工作，实际是为了让大可在自己的庇护和掌控下得到最优的发展。

（2）以"孩子应该对父母知恩图报"为由，要求子女在对待父母时遵循"公平分配原则"。

"公平分配原则"是指人们在社会交换中通过计算成本与报酬的比率，希望自己得到的回报或利润能与自己付出的成本成正比。在大可择业的案例中，大可母亲总是强调大可应该基于养育之恩顺从父母的安排，这正是公平分配原则在亲子关系中的直接体现。

受"庇护控制"和"公平分配原则"的影响，父母对子女的情感绑架往往以"因果思维"作为支撑："因为我们是为你好，所以你要全盘接受我们的安排"，"因为我们为你付出了很多，所以你要通过听话来回报我们"。

在"因果思维"影响下长大的孩子，很容易在心中产生强烈的内疚感，不得不长期委曲求全地生活在父母的安排中，变得没有主见，这正是父母的情感绑架。对比社会新闻中的刑事案件，情感绑架对孩子来说，可能时间更漫长，经历更痛苦，后果更可怕。

对于父母出于"庇护控制"和"公平分配原则"的情感绑架，子女应该如何应对呢？这里分享两种说服父母的方法：

（1）区分家庭角色和社会角色。

在大可择业的案例中，父亲将大可定位在一个"需要受父母庇护"的角色上。父母长期以来习惯替大可做出安排，所有家庭成员都习惯并默认了这种相处模式，却忽视了大可身上也存在社会角色。

我们每个人身上都有两种角色：家庭角色和社会角色。在家庭角色中，子女应该履行孝敬父母等多种义务，但却没有"必须处于顺从地位，对父母的意愿绝对服从"的义务。在家庭角色之外，子女身上还存在着社会角色。子女在成年后需要独立生活在社会中，需要具备自己的见解与立场。

如果大可以"结束学生生活，正式进入社会"为契机，明确地让父亲意识到自己身上新增了一种社会角色，父亲便会意识到对大可进行"庇护控制"不是长久之计。

大可不妨这样与父亲沟通："爸爸，在我成长和读书的过程中，我一直都非常听从您的安排，但是我早已成年，并且学有所成，有了自己的理想事业，更有了自己的世界观和价值观。对于未来的选择，您不应该完全忽略我的意见，也不应该再替我做主，我越早脱离父母的庇护，对我以后适应社会、早日独立越有好处。"

通过向父母明确自己的家庭角色和社会角色，不仅可以使父母意识到孩子应该早日在社会上独立，从而愿意采纳子女的意见，还可以让子女化解不必要的内疚。

（2）加强心理抗逆力。

"心理抗逆力"又称为心理弹性、心理复原力、心理韧性，是指当个体面对创伤、痛苦、威胁或其他重大情绪压力时，能够有效地适应并应对，并保持心理健康的能力。

如果父母在对子女的教育中长期遵循"公平分配原则"，就会对子女的心理抗逆力造成严重打击，让子女产生强烈的自我怀疑，并陷入深深的自责之中。长此以往，这种情感内疚会让子女在做决策时，习惯于牺牲自己来迎合别人，一再妥协和退让，无法保持自己独立的想法。

大部分子女在面对父母的情感绑架时，习惯通过逃避去化解内疚，但是内疚情绪其实更需要被表达出来，只有通过表达，释放情感、传递歉意，才能帮助自己化解。

在上文大可择业的案例中，在母亲"公平分配原则"的夹击下，大可可以这样说："妈妈，我很感谢你们的养育之恩，更不可能忘记你们对我的付出，我为自己没办法遵从你们的意愿道歉。但是，我认为选择自己喜欢的事业并没有错。我会努力工作，加倍地回报你们，但这不是因为你们对我付出了很多，而只是单纯地因为我爱你们。"

通过这样的回答，大可不仅可以让母亲更安心，还可以消除内疚，更加心安理得地面对父母，更加勇敢地坚持自己的选择。

父母对子女的爱之所以被称颂，在于它的无私和持久。但是以爱为名，父母的情感绑架往往也潜伏在许多孩子的周围。作为子女，面对来自父母的情感操控，既要为自己的家庭角色和社会角色划出清晰的界限，也要适当地锻炼和培养心理抗逆力，从而将生活掌握在自己手中，让自己对于未来具有更多的选择权。

【谈判加油站】 应对父母"情感绑架"的两种方法：

方法1：针对父母的"庇护控制"：

区分家庭角色与社会角色，
学会脱离控制，对父母说"不"

方法2：针对父母的"公平分配原则"：

加强心理抗逆力，
敞开心扉表达歉意，释放内疚

【谈判训练营】 假设你今年30岁，刚刚工作两年，目前单身。你的父母总是用"不孝有三，无后为大""你长这么大都没给家里做过什么贡献""将来我们老了怎么放心丢下你一个人"这些理由来对你实行情感绑架，天天催婚。但是，你觉得恋爱结婚是人生大事，应该顺其自然，至少不应该因为父母的紧逼而仓促找一个对象。面对这种矛盾，你将如何去说服他们？

27 构建平等沟通：
说服父母接受自己的建议

在和父母相处时，相信很多人都遇到过这样的情境：想给父母买一些营养品补身体，他们却说你浪费钱；想独自旅行锻炼自己，父母却说不安全；自己大学毕业后想创业，父母坚决要求你考公务员；建议父母学习一些新事物，他们却对你的建议不以为然……

因为生活环境和成长经历的截然不同，父母和子女之间的沟通难免会存在代沟。在子女看来，父母往往思想顽固、保守，甚至专制；但是在父母眼中，子女那些所谓现代、科学、诚恳的意见，往往是一场"胡闹"。

那么，作为子女，应该如何让父母接受自己的意见，解决双方之间沟通的"千古难题"呢？在解决这一问题前，我们先来看一个案例。

小菲的父亲是一名建筑工人，年过半百。考虑到父亲在高强度劳动下时常腰酸背痛，小菲提出每年带父亲去做体检，但父亲却对体检非常抗拒和排斥。

小菲的父亲认为，腰酸背痛只不过是积劳成疾，算不上什么大病，平时疼起来的时候，扛一扛也就过去了，实在痛得厉害，贴几片膏药就能缓解了；况且自己身边很多人都有腰酸背痛的小毛病，有人一辈子也没做过体检，照样活到八九十岁，自己也没问题。

对于父亲这些观念，小菲根本无法认同。在多次苦口婆心地劝说父亲之后，依旧毫无成效。面对顽固的父亲，小菲无计可施，只能作罢。

实际上，大部分父母"固执己见"，不采纳子女的建议，无外乎以下三个原因：

（1）父母与子女在地位上的差异。

父母习惯性地认为自己在年龄、阅历、经验等方面比子女更具有优势。在父母的惯性思维中，子女往往是"缺乏经验、说话没有分量"的弱者形象，这也构成了父母对于子女的"刻板印象"。

（2）父母更容易被从众心理所影响。

相比子女与时俱进的观念与建议，父母更愿意认同周边同辈群体的生活方式，并以此作为自己的参考对象，作为自己生活方式的指南。这一从众心理，可以让父母拥有归属感和安全感。

（3）父母与子女之间存在"代沟"。

父母成长和生活的时代背景、社会经济状况，对他们产生了根深蒂固的影响，由此形成的思想观念一时间难以改变。因此，父母与子女在思想观念上会有很大差异，会在双方的沟通过程中，形成一定程度的隔阂和代沟。

通常情况下，子女就某件事与父母观念不一致时，经常会觉得父母思想顽固，从而产生不满情绪，要么在劝说无效后无奈放弃，要么使用强制手段逼迫父母，但这些说服方式无法从根本上解决问题，也不会改善父母"思想顽固"的问题，甚至会对家庭关系造成不利的影响。

想要说服顽固的父母，就必须针对以上三种原因对症下药，运用一定的说服技巧：

1. 子女必须建立起"强者形象"，来消除父母眼中的"弱者形象"

要想改变父母思想中子女"缺乏经验，说话没有分量"的"弱者形象"，子女需要通过向父母展示自己的意见决策过程，在父母心中建立起自己的"强者形象"。

具体应用到说服情境中，子女向父母表达意见时，不能直接"宣布结果"，这样会让父母感到，这一"结果"是未经商量的冲动决策，是挑战父母权威的，不仅会让父母对子女产生怀疑，还可能会激发父母的排斥心理。

因此，在向父母表达意见时，子女需要展示出自己的意见决策过程，从而建立起自己值得信任的"强者形象"。对于父母而言，成长于网络时代的年轻人在信息获取上具有巨大的优势，子女不妨通过广泛地收集信息、查阅资料等方式，事先对于自己的建议进行分析论证，并且考虑到父母可能会提出的质疑和反对意见，提前准备好说服方案。

比如，在上文说服父亲体检的案例中，小菲可以根据父亲可能会提出的反对意见，事先准备一份有翔实数据和权威资料的清单：

近两年中老年人健康状况如何？有哪些潜在病情可以通过体检进行有效预防？

中老年人每年体检的费用大概是多少？平摊到每一天是多少钱？

一般体检包含哪些项目？大致花费多长时间？

未及时查出病情而耽误诊治，一般会带来哪些后果？

与父母同龄的中老年人按期进行体检的比例是多少？筛查出重大疾病的比例是多少？

医学专家对中老年人健康体检有什么建议？

……

子女通过预估父母的反对意见，有针对性地搜索信息，汇总资料，为自己的意见提供支持，会在父母心中树立一个值得信任、理性决策的"强者形象"，提升自己对于父母的说服能力。

2. 将个人建议变成群体建议，迎合父母的"从众心理"

要想改变父母参考周边群体意见的"从众心理"，子女应该善于利用群体影响力，将个人建议变成群体建议，用群体建议去影响和说服父母。最好的办法是拉拢父母的参考对象，请他们协助自己一起说服父母。

当人们对不熟悉的事物态度不明确时，会倾向于观察周围人的想法或做法，以指导自己的决策或行为，这也正是从众心理发挥影响力的原因。所以在上文的案例中，小菲的父亲在考虑是否需要体检时，会选择与周围同龄人的行为保持一致这一安全的做法。

小菲可以利用父亲的从众心理，私下向父亲身边的同龄人，最好是父亲的亲戚朋友求助，向他们说明父亲的身体状况，以及父亲反对体检的原因，争取获得他们的支持。

3. 拓展父母的视野，解决双方之间的"代沟"

无论是信息搜集还是群体影响，都只能在一事一例上对父母产生影响，并不能动摇父母根深蒂固的思想观念。想要更好地说服父母，在掌握说服策略之外，子女应该注重平日的沟通，帮助父母打开眼界，潜移默化地改变父母的传统观念，渐渐消除双方之间的"代沟"。

　　有时候，父母被子女认为思想老旧，并不是因为父母不愿意接受新事物、新思想和新观念，而是他们对于"新"并没有具体的概念。比如，父母之所以习惯使用"老人机"，可能是因为他们对最新的智能手机缺乏了解，担心自己学不会智能手机的操作。但是，如果子女平时经常向父母演示智能手机的最新功能，让父母体验到智能手机的便利，父母可能就会对智能手机产生兴趣，更容易接受换掉"老年机"的建议。

　　看似思想顽固的父母，只是习惯性地将一些刻板印象挡在了新事物的前面。如果子女经常帮助父母接触新事物，学习新思想，了解新观点，父母会在潜意识中逐渐改变那些刻板印象，去信任、支持子女做出的决策。从这个意义上来说，帮助父母打开眼界，帮助父母成长，要比建立起子女的"强者形象"和利用群体影响力这两种说服方式，具有更为深刻、长远的意义。

　　实际上，子女眼中的"思想顽固"只是父母在长期的人生经历中形成的惯性思维。说服父母接受自己的意见不是去评判父母的观念，也不是一味地向父母讲道理，而是需要认识到父母思想观念形成的客观原因，以"讲爱不讲理"的方式，与父母建立一种平等沟通、共同成长的模式。

【谈判加油站】 | 说服父母接受自己建议的三个策略：

策略 1：展现意见决策过程

在父母心中建立起值得信任的
"强者形象"

策略 2：迎合父母的"从众心理"

善于利用群体影响力，
将个人意见变成群体意见

策略 3：消除双方的"代沟"

子女帮助父母打开眼界，
协助父母共同成长

【谈判训练营】

假设你即将大学毕业，却从未独自出门旅行过，你
想计划一场一个人的旅行，但是父母却担心你独自
旅行不安全，也觉得这是不务正业，他们表示强烈
反对。此时，你该如何与父母沟通，说服父母支持
你的旅行计划呢？

28 设立共同愿景：
解决亲密关系中的冲突

伴侣间的亲密关系不仅能为我们带来美妙的人生体验，也会成为我们塑造和定义自我的强大动力。但是，想要拥有亲密关系，仅仅在双方的沟通上就会存在巨大的挑战。

美国心理学家约翰·格雷在其著作《男人来自火星，女人来自金星》一书中讲道："男人和女人因为在认知模式和做事方法上存在着天然差异，由此导致二者在亲密关系的沟通中经常出现一些典型冲突。"想化解这些典型冲突，增进亲密关系，就必须要掌握一些说服法则。

丁杰和小贝是一对"北漂"夫妻，两人的老家是南方的一座小城。丁杰希望在北京买一套小居室的房子，但是小贝却希望回到老家定居。

在丁杰看来，两人在北京都有相对稳定的工作，大城市的就业、医疗、教育、公共设施等都具有优势，因此，在北京定居一直是丁杰无法撼动的梦想。但是在小贝看来，两人如果在北京定居，将会面临巨大的生活压力，老家不仅比大城市更有生活气息，在生活的幸福度和安全感上也更胜一筹，因此，小贝一直坚持回到老家生活。

丁杰和小贝为了城市选择的事情争执不休，谁都不愿意改变自己的计划，却又无法说服对方。随着房价日益上涨，两人之间关于是否在北京买房定居的矛盾也在不断升级。

仔细分析，来自亲密关系的典型冲突都具有如下的特点：

（1）双方之间进行的是零和博弈。

在亲密关系中，如果双方之间的冲突涉及各自的利益，就会很容易出现剑拔弩张的攻守之势，双方都会认为，对方的受益便意味着自己的损失，从而导致双方坚守自身的利益、互不相让。

在上述案例中，丁杰和小贝都认为，实现了对方的选择，便会委屈自己。

（2）双方在立场上互不相让。

在亲密关系中，双方一旦出现"立场性冲突"，一般很难达成统一。即便其中一方迫于压力表面上做出妥协，其内心也会存在不满和抱怨。

丁杰和小贝都站在各自的立场上，希望对方做出妥协和退让，双方僵持不下，导致矛盾不断升级。

（3）双方都有损失厌恶心理。

人都有"趋利避害"的原始本能，追求愉悦，逃避危机，厌恶损失。在亲密关系中，因为追求不同，男女双方追求的利益和逃避的损失也各不相同。

丁杰追求的利益是大城市在医疗、教育、公共设施上具备的资源优势，厌恶的损失则是老家在上述资源上的缺失。而小贝追求的利益是在小城市生活的幸福感和安全感，厌恶的损失则是大城市巨大的生活压力。两人的分歧来自于双方在趋利避害上不同的痛点。

美国作者莎伦·布雷姆在其著作《亲密关系》中提到："亲密关系至少应该在六个方面与其他的一般关系有所不同，这就是了解、关心、彼此依赖、互动、信任和承诺。"这说明亲密关系是多维度的体验，双方谈判不是简单的输赢问题，而是作为一个亲密共同体，在拥有一个共同愿景的前提下，致力于解决双方冲突的一个过程。

在我看来，以共同愿景为前提的说服法则，主要有以下三个：

正向场景引导法则

在亲密关系中，其实并不存在零和博弈。从本质上来看，在亲密关系中说服对方，一定是为了更好地经营双方的亲密关系，而非在利益上争个输赢来破坏亲密关系。

因此，无论是恋人关系，还是夫妻关系，一方打算说服对方时，都需要扭转零和博弈的惯性思维，运用正向场景引导法则，通过设计说服对方后的正向场景，引导对方想象、认可并接受自己向其描绘的美好画面，从而使对方接受自己的想法。

正向场景引导法则适用于亲密关系中的大部分冲突。无论是经济上的难题，还是思想观念上的分歧，都可以通过"制造场景——正面输入——重复场景"的步骤，去为双方营造出一个美好的共同愿景，以正向的力量引导对方接受自己的提议。

丁杰可以通过设计在北京买房后的美好场景来说服小贝："亲爱的，想想当时我们为什么要从老家来到北京打拼？毫无疑问，我们希望能拥有一种比在老家更好的生活。这些年我们在北京租房，每个月的消费也不低。但是如果我们努努力，争取在北京买一套房，我们就可以在北京安家，享受全中国最好的文化、医疗、教育资源。而且从长远考虑，我们的孩子从一出生便实现了阶层跃升，这可是我们这种从小地方走出来的人奋斗几十年才能实现的。想想孩子在北京生活、接受教育的画面，你不向往吗？"

正向场景引导法则虽然可以通过设计共同愿景来引导对方，但其缺点也很明显。对于立场坚定的人而言，它的说服力会比较有限。此时，就需要运用第二个说服法则。

强化共同目标法则

几乎所有的冲突都是因为双方的立场不同所造成的。既然在亲密关系中，双方很难统一立场，不如通过建立利益共同体来弱化对方的立场。

在亲密关系中，除了我和你之外，还有另外一个重要的元素：我们。具体而言，亲密关系的系统是由你、我和我们三种元素构成的。如果忽略了"我们"，那么当冲突发生时，亲密关系中的双方就会过于坚持自己的立场，而不会去顾及对方的立场。但是，如果弱化"我"和"你"的立场，强调"我们"作为一个利益共同体的立场，双方就更容易为了共同的目标，在自己的立场上做出妥协。

"强化共同目标"对构建利益共同体有着举足轻重的作用，也是说服对方的重要法则。其原理是：将亲密关系中的冲突议题转化为一个对双方都有利的议题，促使双方剥离掉"我"和"你"的独立角色，围绕"我们"这一共同目标去探讨解决方案。

丁杰和小贝在说服对方时，与其以自己的立场去要求、命令或者批评对方，不如利用利益共同体这一角色，将"是否在北京买房"的问题转化为"我们希望拥有一种什么样的生活"的问题。只有在这一问题上达成一致，才有可能在出现冲突时，以共同目标来审视眼下的决策是否正确，从而避免互不相让、各自为战的僵持局面。

创建危机感法则

人"趋利避害""厌恶损失"的原始本能是一把双刃剑，既会让双方因立场不同产生分歧，也可以成为说服对方的利器。

具体而言，创建危机感法则，即让对方感受到他 / 她所坚持的事情其实暗藏危机，只有采取你的解决方案，才可以避免损失，逃离痛苦。

丁杰如果想要说服小贝在北京买房子，可以创建的危机感主题有"回到老家的话，这些年的奋斗几乎失去意义了""前几年如果早一点买房，现在已经从中获利""房价有可能还会上涨，现在不买，以后更难""回到老家生活影响下一代的教育""老家的生活虽然有安全感，但是越安全越容易平庸"等。

通过引导小贝想象"放弃在北京买房，坚持回老家生活"会带来的危机，引导小贝一起商讨"避免危机"的解决方案，促使小贝在一定程度上认可和接受自己的提议。

同样，小贝也可以通过创建包含危机感的主题去说服丁杰，如"在北京定居的话，我们几乎没有时间陪伴父母，和老家那些亲友之间的关系也会逐渐生疏""在北京买一套房子，每个月巨大的房贷和生活压力会让我们在未来几十年内都没办法过上比较轻松的生活"等。

想要解决亲密关系中的典型冲突，就需要探测出双方产生冲突的根源，对症下药，采用相应的说服技巧。在亲密关系中，要多去强调"我们""共同利益体""共同愿景"，从而使双方形成统一的目标和战线。

【谈判加油站】 亲密关系产生冲突的原因及说服法则：

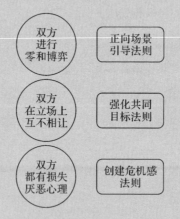

【谈判训练营】 假设你和另一半在大学相识，毕业之后在异乡结婚生子。你们都是独生子女，春节去谁家过年就成了一个难题。你们都觉得自己一整年见不上父母几面，应该回自己家过年，互不相让。临近春节，你如何通过谈判技巧，说服另一半今年去你父母家过年呢？

29 兼顾规则和心理：
张弛有度地说服孩子

　　心理学家认为，做父母的必须学会说服孩子，这有利于巩固父母在孩子心目中已确立的权威。孩子在潜意识中也希望父母拥有这种位置，这使他们对外部世界更具安全感。然而他们又希望超越、摆脱父母权威笼罩下的阴影，尤其是当父母只会采用强迫、惩罚和奖励手段对自己强行灌输规则，让自己去做那些"没有意思"的事情时。同样，采用这些手段去纠正孩子或是把规则强行灌输给孩子的父母，往往会发现事与愿违。

　　海旭和妻子晓琳在同一家城市规划设计研究院工作，两人下班回家之后，经常还要加班做设计方案。两人有一个7岁的儿子轩轩。孩子聪明伶俐，却痴迷于电子游戏，还经常躺在地上大哭大闹地威胁父母。

　　一天晚上，轩轩玩了很长时间的手机游戏，当晓琳强制拿走手机并要求他立刻睡觉时，轩轩又一次躺在地上大声哭闹。无奈之下，晓琳只好向孩子许诺："如果你今天听话，赶紧去睡觉，那明天妈妈就送你一个新玩具。"可海旭却认为妻子这样一味地迁就孩子，只会助长他的坏习惯。于是，海旭立即威胁轩轩："不许再哭，不然把你丢到外面马路上去。"但是，无论是面对妈妈的利诱，还是爸爸的威逼，轩轩都不为所动，继续大哭大闹，海旭和晓琳面对着软硬不吃的孩子，苦恼不已。

父母对孩子采用强迫、惩罚和奖励手段的局限性主要体现在如下几个方面：

（1）强迫会造成孩子的心理压抑。

强迫孩子被动接受或是停止某种行为，会使孩子产生逆反心理；强迫孩子控制住自己的情绪，也会使孩子受到某种程度的心理压抑。

（2）惩罚的效果并不长远。

在亲子教育中，惩罚的方式只能产生即时的效果，从长远来看，孩子的成长是一场马拉松，长期使用惩罚的方式会导致孩子变得粗鲁、迟钝，甚至会使孩子产生怨恨父母的心理，对亲子间的沟通造成障碍。

（3）奖励手段会带来两大弊端。

物质奖励是一味治标不治本的速效药，很容易使孩子失去对于事物本身的好奇心及探索精神；奖励的潜台词是"做得好才有奖励，做不好就没奖励"，这意味着好与不好、对与不对的衡量标准，在于有没有得到奖励。这种非黑即白的行事标准，会扰乱孩子对于自我价值的评价标准。

孩子的性格、习惯、品格，往往是在一件件生活小事中逐步建立起来的。在强迫、惩罚和奖励手段之外，我们需要构建一种系统性的教育方式，张弛有度地说服孩子。

这一系统性的教育方式，包含"事前制定规则——事中心理建设——事后承担后果"三个阶段。

第一阶段：事前制定规则

规则就是界限，也是与孩子谈判、说服孩子的前提。简单而言，制定规则，即告诉孩子什么事情不可以做，做了需要承担怎样的后果，等等。父母需要根据孩子的实际需求，与孩子商量，找到"共识"，共同制定符合孩子天性、符合社会规范的规则。

在上述案例中，面对轩轩痴迷游戏这个问题，海旭和晓琳可以和孩子协商，一起制定一个"每天玩半小时游戏"的规则。在孩子玩游戏时，必须严格按照规则执行。由于提前制定了规则，父母在运用强迫手段时，便是在遵循规则的前提下，让孩子意识到规则的重要性，从而减少孩子的逆反心理和负面情绪。

第二阶段：事中心理建设

在亲子教育中，即使在规则的框架下，孩子的行为过程也有诸多不确定因素。比如，许多家长在制定规则后，依然会遇到孩子撒娇要赖、对执行规则失去耐心等情况。此时，就需要在执行规则的过程中，对孩子进行心理建设，包括接受和疏导情绪、正确赞美两个方面。

（1）接受和疏导情绪。

孩子不肯执行规则，产生激烈的负面情绪时，家长要接受并疏导其情绪，第一时间挖掘事件原因，解读孩子的心理情感。疏导情绪的方式有许多，比如分散孩子的注意力，引导孩子说出自己的心声，运用肢体语言表达爱意，等等。

晓琳拿走手机，导致轩轩玩游戏的愿望未被满足，轩轩以哭闹表示反抗。此时，晓琳可以抱着孩子，与孩子聊天，进行情绪疏导："妈妈强制拿走手机让你感到非常生气，对吗？生气没什么大不了的，你可以生气，可以生我的气，生爸爸的气，甚至是生自己的气，好吗？你像这样感到生气的时候，不要一直沉浸在愤怒的心情里，你可以慢慢放下，克服它，甚至可以大声发泄，或者拿枕头出气，用一些安全的行为发泄自己的情绪。"

当孩子的情绪被家长接受，并被有效疏导之后，家长可以再回归到规则上与孩子进行沟通，比如是否需要扩大规则的弹性范围等。

（2）正确赞美。

当孩子高度配合规则时，家长应该及时、正确地给予赞美或表扬。赞美和表扬孩子，要以赞美"行为"或是"过程"为主。

比如，"你今天扫地真努力，你把家里的卫生打扫了好几遍，连墙角都这么干净"，而不是"你今天真乖"。前者是表扬一个人的行为和过程，可以让孩子意识到获得表扬的原因是自己做出了正确的行为，意识到自己的努力和付出被父母所关注。家长赞美或表扬的用语越具体，越能说明对孩子行为的了解和看重，孩子也就越能感受到父母赞美的真诚可信。

如果轩轩在规定时间内停止玩手机，父母就可以趁机表扬轩轩："轩轩能够克服住自己想继续玩手机的心情，遵守规则准时睡觉，这是很了不起的，轩轩今天做得真棒。"轩轩听到这一赞美，就会更加意识到，自己的正确行为受到了父母的重视。

第三阶段：事后承担后果

在与孩子经过共同制定规则、心理建设阶段之后，家长可能还会遇到孩子坚决不尊重规则，且不肯接受情绪引导的情况。此时，最好的办法是让孩子意识到自己脱离规则后需要承担的后果。

因此，海旭和晓琳可以和儿子一起制定"每天玩半小时游戏，如果违反一次，便一周之内都不能再玩手机"的规则。如果轩轩一直不肯遵守规则，那么就必须要承担一周之内不能再玩手机的后果。晓琳可以这样告诉轩轩："规则是你和爸妈一起制定的，谁违规了就要承担责任，妈妈违规了也要承担责任。所以你今天玩手机游戏超出了时间，这个结果需要你自己来承担，妈妈也没有办法来帮助你。因为如果一周之内再给你玩手机的话，那么妈妈也违规了。不过接下来一周里，你可以观察一下我是怎么遵守我们一起定下的规则的。"

　　承担后果和惩罚的区别在于：承担后果紧随规则，既是在孩子产生错误行为之后的正确引导，有助于引导孩子遵守规则、建立良好的行为习惯，也是有理有据、让孩子心服口服的基础。而惩罚是在没有规则的前提下，对行为结果进行的随机处罚。因此，在亲子教育中，制定规则并为此承担后果是一种必需的原则。

　　父母都期望孩子展现出最好的一面。父母一旦过于急切地纠正或改善孩子的行为，就会很容易采取不当的方式，伤害到孩子的心灵。但是，如果父母在生活中，能够构建起兼顾规则和心理建设、张弛有度的系统性教育方式，那么，亲子教育就会成为父母和孩子之间达成共识、解决问题、共同成长的绝好机会。

【谈判加油站】 | 亲子教育遵循的三个沟通原则：

【谈判训练营】

假设你有一个6岁的儿子，每次全家人一起吃饭时，只要看到新端上来的菜，孩子就要把菜先放到自己面前，尝过之后再放到桌上。你觉得这是一个非常不好的习惯，那么你该如何与孩子建立相应的行为规则，促使孩子养成良好的行为习惯呢？

30 采取非暴力沟通：
与叛逆的孩子谈合作

在亲子教育中，教导孩子的行为符合社会规范是一项艰巨的工作。我见过太多父母花费大量精力去调教孩子："洗手去""小点声""要说谢谢""别乱扔垃圾"……

对于成年人再简单不过的"讲卫生、有礼貌、守规则"，在孩子那里却会变成"我不听，我不管，我不要"。而且，往往家长的要求越强烈，孩子的反抗就越激烈。

在教育孩子学会合作这件事情上，无数父母面对着总是和自己对着干的孩子，除了三令五申、言辞恐吓、使用语言暴力发泄怒气之外，似乎总是束手无策。

我的朋友小张有一个3岁的儿子。有一天，小张一脸愁容地向我抱怨："是不是所有的男孩子都特别调皮？我儿子总是穿着鞋跳到床上、沙发上，无论我对他强调多少次不能穿着鞋上床，他却屡教不改。说实话，别说教育儿子了，只是教会他不要穿着鞋踩到床上，都让我无比头疼。"

针对小张的困扰，我请她试着回忆一下，她曾经使用过哪些方法去教育孩子配合自己。小张复述了以下几种常见的方法：

（1）指责。

小张："你怎么又穿着鞋跳到床上！跟你说过多少遍了，听不懂吗？"

孩子的感受可能是：我是一个脏小孩；她把床看得比我还重要。

（2）辱骂和挖苦。

小张："教你多少遍了，你怎么就记不住，笨死了！"

孩子的感受可能是：我很笨；我恨爸爸妈妈说我笨。

（3）威胁。

小张："我数三下，你再不下来的话，有你好受的。"

孩子的感受可能是：我害怕，我讨厌爸爸妈妈。

（4）说教和唠叨。

小张："你这么做是不对的，要讲卫生。如果你不想睡在很脏的床上，就不要穿着鞋跳上床；如果你不讲卫生，那将来别人也可以穿着鞋跳到你的床上；如果你……"

孩子的感受可能是：够了！说个没完没了，好烦！

（5）负面预言。

小张："连这么一点要求都做不到，长大了能有什么出息！"

孩子的感受可能是：我命中注定不会有出息，我放弃努力。

作为一个成年人，我已经从这些暴力性的语言中感受到孩子的痛苦。可见，上述的教育方法会对孩子造成多大的伤害。在这样的环境中，孩子根本没有办法把注意力从抵触和自责的情绪中拉回来，去认识规则，学习合作。

那么，有什么更好的方法可以既不伤害孩子，又不让他们产生抵触心理，愿意和家长合作呢？

从脑科学的角度来看，3~10 岁这段时间，是强化孩子潜能、戒除孩子大脑中的坏习惯、培养大脑主动养成好习惯的黄金期。我在美国非暴力沟通专家——马歇尔·卢森堡的著作《非暴力沟通》的启发下，总结出了两套方法：一套面向 3~10 岁习惯养成期的孩子，适用于家长在日常生活中通过非暴力沟通的方式，去说服孩子配合自己养成良好的行为规范；另一套面向 11 岁及以上的孩子，适用于帮助家长解决家庭教育中比较复杂的冲突。

方法一：以非暴力沟通的方式，说服孩子配合自己

对于 3~10 岁的孩子，家长经常要求他们在公共场合保持安静，吃饭前先洗手，不抢别人的玩具，只看 20 分钟电视……对付这些看似鸡毛蒜皮，却最容易让家长情绪失控的问题，想要孩子心甘情愿地配合，最好的沟通方法就是运用下面这个公式：**描述事实＋说出感受＋提示后果和正确做法＋写便条**。注意不要打乱这个顺序。

第一步：描述事实。

描述事实，即不带任何评论地去客观描述发生了什么，这也是非暴力沟通的第一要求。当孩子做出一个错误行为，作为家长，沟通的第一步不是对孩子进行任何的指责和埋怨，也不是做出任何判断和评估，而是对孩子描述自己观察到的行为和事实。

比如，在小张教育儿子的案例中，使用"你怎么又穿着鞋跳到床上"这句话就是小张在向孩子释放指责情绪，而如果换成"我看到你穿着球鞋站在我的床上，鞋印把床单弄得很脏"，便是小张在向孩子描述事实。

第二步：说出感受。

对孩子使用语言暴力，只会让孩子的注意力集中在情绪对抗上，非暴力沟通可以把孩子的注意力拉回到体察家人的感受上。每一个孩子都值得信任，父母把自己的感受对孩子说得越清楚，孩子就越可能对父母做出积极的回应。

比如，在小张教育儿子的案例中，如果使用"跟你说了多少次上床要脱鞋，你听不懂吗"，便是在使用语言暴力，但是如果换成"看到干净的床单被弄脏，我感到非常生气，你知道吗？我现在正控制着自己的愤怒和你沟通"，小张便是在让孩子体察自己当下的感受。

第三步：提示后果和正确做法。

在每个孩子成长的过程中，家长向他提示一个错误行为将会导致什么后果，并且告诉他正确的做法是什么，是父母送给孩子最好的礼物。

关于穿着鞋上床这件事，小张正确的提示应该是："因为你把床单弄脏了，我就需要花时间去清洗，这会占用我很多时间。希望以后你能记住上床要脱鞋，这样不仅可以让床单保持干净，也会比较尊重别人。"这样，孩子就会明白这个行为不可以做的原因，以及什么是正确的行为。

第四步：写便条。

如果可以的话，尽量在床头贴上一张便条提醒孩子。在家庭教育中，一张有温度的便条不仅比大喊大叫更有效果，还会为孩子带来许多值得回味的情感。

小张可以在床头贴上这样一张便条：

"亲爱的小主人：

记得上床要脱鞋哦！我喜欢自己干干净净的样子。"

在实际操作中，通过非暴力沟通去说服孩子配合自己，难免会遇到几次沟通失败的情况。但要坚信，随着时间的推移，让孩子不断地在非暴力的沟通环境中拥有安全感，父母与孩子之间就能建立起相互合作的亲子关系。

方法二：解决家庭教育中的复杂冲突

对于 11 岁及以上的孩子，父母要面临的对抗性冲突会变得比较复杂。这些孩子不喜欢父母把自己当成是一个"错误"

来纠正，更不喜欢父母有"真理掌握在我手中"的想法。

面对复杂的情况，就需要更为复杂的说服技巧，父母可以在使用上述非暴力沟通的基础上，坐下来和孩子分享彼此真实的感受，鼓励孩子和自己一起想办法，这样做往往可以让家长收获惊喜。

比如，许多父母在"教育孩子努力学习"这件事情上，总是产生极强的挫败感。有一次，我的一位朋友打来电话，说起他读高三的儿子小涛在最近一次考试中，成绩一落千丈。受此打击，小涛变得沉默寡言，开始厌学，而且根本听不进父母的任何建议。眼看距离高考只剩几个月的时间，朋友想请我给小涛打个电话，帮他说服孩子恢复信心，渡过难关。

考虑到小涛平常很有自己的想法，为了找到他成绩大幅度下降的原因，也为了帮他找到解决办法，我为这次电话里要沟通的内容列了一个大纲：

请小涛说出自己的感受和需求；

向小涛说出我的感受和需求；

我和小涛一起讨论，我们两个人都试着提供解决方法（不带任何评论）；

删除无效的解决办法，挑出我们都接受的解决方法并付诸行动。

以下便是我们的对话：

我："听你爸爸说，你最近一次考试，成绩下降了不少。你最近还好吗？"（鼓励他说出自己的感受。）

小涛："不太好，我成绩的排名下降了 30 多名，老师说我现在的成绩考不上重点大学。"

我："这样啊，是什么原因导致成绩的排名下降了 30 多名呢？"

小涛："可能是别人进步比较快，把我甩在后面了吧。我其实一点都没松懈，我这次的总分和以前差不多。"

我："那难怪你会情绪低落。"

小涛："可是我爸妈就觉得是我自己的原因。"

我："可能他们只是有些担心你，希望你能把成绩提上去。"（简单清晰地替小涛父母说出他们的感受和需求，但绝不唠叨。）

小涛："我知道……"

我："我觉得这个问题是可以解决的，要不要一起讨论下怎么提高你的成绩？"（建议他和我一起讨论解决办法。）

小涛："你有什么办法吗？"

我："你有没有偏科的情况？比如哪门科目的成绩一直不是很好，我觉得要想在短时间内有比较大进步的话，要从这些基础比较弱的科目下手，我们可以请老师帮忙补习。你觉得呢？"

小涛："可以考虑。不过我也希望爸妈别催我太紧了，他们总是盯着我问成绩，给我很大压力。"

我："看来他们需要多一点耐心，多给你一点时间，我可以帮你转达。"

小涛："好！还有，老师也给了我很大压力，他可能觉得我已经没什么希望了。"

我："那你有什么办法可以让老师改变想法吗？"

小涛："除非我告诉他，上次成绩差，不是因为我不努力，可能是其他人进步比较快。接下来我会重点把基础比较弱的科目成绩追上来，而且有必要的话，我会请一个家教。"

我："这个想法不错，我觉得你应该试试。"

小涛："真的吗？"

我："当然了。每个老师都喜欢出了问题能想解决办法的学生。"

小涛："我试试。不过我还想问一下，考不上重点大学的话，我选择考一个二本大学是不是也可以？"

我："这也是个办法，不过我猜你自己还是更想上重点大学，而且你爸妈可能也不希望你因为一次失利，就放弃上重点大学的梦想。"（不贬低对方的任何想法。）

小涛："他们肯定不会同意的！那算了，我还是坚持考重点大学试试吧！"（删除无效的解决办法。）

我："嗯，那刚才我们提到的几个解决办法，我觉得你今晚就可以和你爸妈商量一下了。"（挑出有效的解决办法，付诸行动。）

回顾一下，我作为小涛父母的"帮手"，在上述对话中运用了四个步骤来和孩子沟通。

第一步：请孩子说出自己的感受和需求；

第二步：向孩子说出我的感受和需求；

第三步：双方一起讨论，每个人都试着提供解决方法（不带任何评论）；

第四步：删除无效的解决办法，挑出我们都接受的解决方法并付诸行动。

以上每一步都很容易落实，其中唯一的挑战便是我们要时刻记得使用非暴力沟通的语言，不评判、不贬低、不怀疑，引导对方说出自己真实的感受和需求，并且站在解决问题的角度，请孩子和我们一起想办法。

使用了以上沟通方法，孩子就会一直愿意与父母合作吗？不一定。孩子并非机器人，我们的目的并不是使用两套沟通方法去操控孩子的行为，让孩子言听计从。我们的目的是希望找到一种沟通方法，在一种非暴力、引导性的氛围中，鼓励孩子与我们合作，构建起平等尊重、和谐友爱的亲子关系。

【谈判加油站】 | 与孩子进行非暴力沟通的两种方法：

方法1：针对3~10岁的孩子：

非暴力沟通：描述事实+说出感受+
提示后果和正确做法+写便条

方法2：针对11岁及以上的孩子：

请孩子说出自己的感受和需求

向孩子说出我们的感受和需求

双方一起讨论解决方法（不带评论）

挑出双方都能接受的方案，付诸行动

【谈判训练营】 | 假设你有一个经常喜欢在公众场合大吵大闹的孩子，每当你教育他时，他反而会叫得更大声。根据这一节学到的内容，你打算怎么说服孩子改掉这一习惯？